SOBERANISMOS

SOBERANISMOS

DOMINGO GONZÁLEZ

Soberanismos

© Domingo González, 2025
© Fundación Universitaria San Pablo CEU, 2025

CEU *Ediciones*
Julián Romea 18, 28003 Madrid
Teléfono: 91 514 05 73
Correo electrónico: ceuediciones@ceu.es
www.ceuediciones.es

ISBN: 978-84-19976-65-9
Depósito legal: M-5455-2025

Maquetación y diseño de cubierta: Andrea Nieto Alonso (CEU *Ediciones*)

Impresión: Estugraf, S.L.
Impreso en España

ÍNDICE

LAS SOBERANÍAS.
MÉTODOS Y APROXIMACIONES

«No hay piropo que no se haya regalado a la soberanía; no hay diatriba que no la haya afligido. Ensalzada por unos, abucheada por otros, la soberanía, nacida en ocasión dramática, continúa enardeciendo los corazones de todos. Tras Bodino, pocos habrá que con ánimo sereno –*sine ira et studio*– traten de investigarla». Así comenzaba un artículo monográficamente dedicado a la soberanía que se publicó en la Revista de Estudios Políticos. Lo firmaba, allá por el año 1952, Nicolás Ramiro Rico, catedrático español que dedicó a ese tema controvertido no pocos esfuerzos desde que en los años treinta regresara de Alemania, al amparo de una pensión de la Junta para la Ampliación de Estudios, con el texto de una memoria titulada «Jean Bodin y el ambiente jurídico del siglo XVI». Desterrando piropos y diatribas, *sine ira et studio*, recogemos aquí el guante que lanzara don Nicolás, confiando en un ánimo suficientemente sereno para investigar a toda una *vecchia signora* como la soberanía en una época en la que muchos consideran que debe pasar, si no ha pasado ya, a mejor vida. Si nació en ocasión dramática, todo apunta que a la soberanía no la dejarán, tampoco, morir en paz.

En general, hay dos maneras diametralmente opuestas de abordar el vínculo existente entre un concepto político y la historia. La primera es coincidir con Michel Troper en que «un concepto no tiene historia. O es el mismo o es diferente». Según esta interpretación, el lugar que se concede a la historia de un concepto, si es que existe, es únicamente el de su génesis. La historia es, pues, el prólogo del concepto, pero en cierto sentido está fuera de él. La aproximación «fijista» del concepto se opone a la de Quentin Skinner, que considera que «tales conceptos no pueden tener definiciones: sólo tienen historias». De acuerdo con esta otra interpretación, los conceptos políticos, sus usos y sus significados pueden considerarse respuestas a preguntas concretas situadas históricamente. La historia de un concepto ya no es una introducción al mismo o un relato de su génesis, sino que lo recorre de principio a fin y ofrece las claves para analizar los significados cambiantes que puede adoptar. En este caso, el concepto forma parte de la historia, es historia. Además, al mostrar la multiplicidad de discursos que gravitan sobre él, permite otorgarle una dimensión social, destacando las luchas políticas que lo rodean y condicionan. Entre el rígido historicismo y el estricto conceptualismo parece difícil encontrar escapatorias metodológicas y teóricas. Y, sin embargo, son indispensables para penetrar en el universo de la soberanía.

Para comprender las diferentes opciones de que disponen los investigadores interesados en el concepto de soberanía y su historia, nada mejor que remitirnos a la distinción de la historiadora de las ideas políticas Raia Prokhovnik, que identifica cuatro enfoques, cada uno de ellos basado en un tipo diferente de argumentación. El primero identifica la soberanía con la era moderna y, por tanto, con el Estado. Existe una clara separación de los periodos precedentes; los pocos usos que pueden identificarse se consideran precursores de un concepto inexorablemente moderno. Cada periodo histórico tiene una forma específica de autoridad, y la soberanía es la que se asocia al Estado moderno.

El segundo enfoque, que difiere poco del primero en cuanto a su planteamiento, asocia la soberanía al desarrollo de la razón, el contrato social y los derechos individuales. Hace de la soberanía un producto de la Ilustración y de la secularización, y considera que ha sido profundamente moldeada por el Estado nación, el desarrollo del capitalismo y el nuevo sistema de relaciones internacionales que se estaba configurando al mismo tiempo. Mientras que el primer enfoque se centra en los siglos xvi y xvii, el segundo desplaza la atención a los siglos xvii y xviii.

El tercer enfoque difiere radicalmente de los dos anteriores y, en contraste con ellos, enfatiza una presunta universalidad e intemporalidad del concepto de soberanía, que caracterizaría a todas las formas políticas, más allá de una consabida variedad terminológica. Las modulaciones serían mínimas y la idea de soberanía (más que el concepto) trascendería el campo histórico para alojarse por lo general en una ontología de lo político resistente a los condicionantes, juzgados menores, de tiempo y lugar. Así, por ejemplo, la soberanía moderna podría asimilarse al *imperium* romano, del que sería heredera a través de una larga cadena genealógica atravesada por un mínimo común denominador. Este enfoque es consanguíneo con una cierta voluntad de estudio centrada en los orígenes, algo que Marc Bloch describió como «una obsesión embriogénica». En su formulación más radical, este enfoque podría confundir la filiación con la explicación y entregarse a una forma de determinismo hermenéutico o ilusión teleológica. Sin embargo, es el contrapunto necesario de las derivas historicistas que pueden acusarse en los dos primeros enfoques.

El cuarto enfoque toma prestada del anterior la elección de un campo histórico extenso, pero se distingue por insistir en las diferentes concepciones que conforman el concepto de soberanía a lo largo de la historia. Se hace hincapié en las especificidades, la variedad de contextos y los cambios de significado. Desde esta perspectiva, no existe un único significado del concepto de soberanía –el asociado al Estado moderno es sólo uno entre muchos–, sino que hay usos que se refieren a debates y luchas para determinar quién ejercerá el poder supremo. En este caso, la soberanía no es tanto un concepto como una cuestión. Siendo una cuestión debatida, la soberanía es una idea disputada. La que prevaleció a la postre en la Europa que la vio nacer no es la única que se cultivó. Tampoco fue la única que se teorizó. La relación con la historia de estos cuatro enfoques es fundamentalmente diferente. En los dos primeros, la historia se utiliza principalmente para datar un concepto cuyo significado es fijo. Insiste en un momento de cristalización del concepto de soberanía que ilumina retrospectivamente aquello a lo que se opone. En el tercer enfoque, la historia puede ser el escenario de representación de una metafísica política. Se trata de elaborar una genealogía histórica de una realidad política trascendental que, si bien no es necesariamente insensible a los cambios, permanece a lo largo de la historia. Esta perspectiva puede conducir a la construcción de la soberanía como un objeto transhistórico si descuida demasiado las formas históricas singulares que adopta en cada momento.

En el enfoque acogido en este estudio se asume la premisa de que la historia se escribe en plural, al modo de una sucesión de contextos en los que se despliegan diferentes versiones de una misma noción. Cada contexto está marcado por el conflicto, por acciones encaminadas a imponer un significado de la soberanía que es específico, contingente y no necesariamente trasladable a otros contextos. Hacer historia de la soberanía es analizar esas historias sucesivas como otras tantas capas de sentido sedimentadas.

En nuestro estudio ejemplificaremos esta controversia a través de oposición entre la corriente dominante de la historia europea –la que arranca en Bodino (1530-1596), alcanza su madurez con Hobbes (1588-1679) y se proyecta en Rousseau (1712-1778) y la versión jacobina de la democracia– y la corriente derrotada, expresada en la versión de Johannes Altusio (1563-1638), hermanada con la tradición jurídico-política hispánica. Entender esta oposición es asumir el protagonismo tanto de las formas políticas como de los modos de pensamiento en la configuración de la historia de las ideas. A medio camino entre la historia y la ontología de lo político, la interpretación que guiará nuestra propuesta asume, en otras palabras, que una verdadera ontología de lo político no puede obviar el peso de la historia. En una obra dedicada precisamente al pensamiento político de Bodino, Francisco Javier Conde apuntó algo esencial: «El pensamiento político está sujeto a una relativa condicionalidad histórica. Aislarlo del ambiente, proclamando su absoluta autonomía, equivale a negar que el hombre es un ser histórico y, como tal, sujeto a los cambios que lleva consigo el proceso histórico». Como ha escrito Jerónimo Molina, de lo que se trata es de alcanzar una intimidad con la historia que no conduzca al «abandono relativista del historicismo, sino más bien a la elevación de su punto de ataque intelectual, buscando algo muy distinto: las constantes históricas o formas de lo político». Toda política es cliopolítica. Lo es doblemente: no sólo al considerar la historia de los hechos, sino también la de las ideas. De este modo, y de acuerdo con este criterio, la idea dominante de soberanía en la Europa moderna queda asociada al Estado y al modo cratológico de pensamiento que germinó en un contexto histórico particularmente decisivo en el devenir de los pueblos europeos. Esta idea, aunque originariamente deudora de una larga tradición precipitada con el paso de los siglos, contribuyó de manera privilegiada a quebrar la genuina tradición política europea. Por el contrario, otra idea de soberanía conservó y defendió su filiación con la tradición occidental de la política, se vinculó de manera privilegiada a la forma política imperial y a la concepción heredada tanto del bien común como de la subsidiariedad, principios ajenos al presupuesto del monopolio estatal en la vida pública.

Siempre habrá un polo trascendente (ontológico) y otro inmanente (histórico) en la realidad política. Lo que la historicidad de la idea de soberanía nos revela es precisamente su diversidad, la multiplicación de sus atributos: puede pertenecer a varias formas históricas, puede ser compartida entre instancias jerárquicas o no jerárquicas, puede estar circunscrita a determinados ámbitos de actividad (políticos y no políticos, por ejemplo), puede ser unitaria o plural (puede unificar o distinguir, por ejemplo, la soberanía política, la jurídica y la social), puede ser permanente o intermitente. Por el contrario, lo que la ontología de lo político contribuye a afirmar es el mínimo común denominador de la soberanía que las distintas versiones enfrentadas comparten a pesar de todo. Esta ontología de lo político no puede ser excesiva, laminando la historia, pero tampoco puede resultar insignificante e inoperativa. En palabras de Jerónimo Molina: «El pensamiento político, que tiende siempre a trascender el momento, gravita no obstante *hic et nunc*». Una de las ventajas de contar con esa trascendencia congénita al genuino pensamiento político, que busca regularidades ontológicas a partir de la oscilatoria experiencia política general de la humanidad, radica en la posibilidad de comparar, en virtud de un marco hermenéutico común, las distintas modulaciones del poder, antes y después de la cristalización terminológica o histórica de la soberanía.

Julien Freund, filósofo y teórico de la esencia de lo político, reflexionó sobre las distintas modulaciones del poder político en función de criterios metafísicos. Así, por ejemplo, según el presupuesto del mando y la obediencia, un gobierno llega a ser hipercrático cuando las prerrogativas del poder exceden sus límites, devienen abusivas y destruyen consecuentemente la esfera genuina reservada a lo político en relación con otras funciones sociales. Freund dirá que «toda sobrepolitización es despolitización» porque, como afirma el profesor Juan Carlos Valderrama, «paradójicamente, el exceso de política no es nunca más política, sino menos». La teorización moderna de la soberanía cayó, como veremos, en las garras de esta paradoja. Paradoja que no se comprende del todo sin la antítesis de la hipercracia, que ocurre cuando un gobierno se vuelve anárquico, esto es, claudicante, desfalleciente o impotente ante las exigencias del mando. Esta fue precisamente la atmósfera histórica en la que se forjó, como respuesta a una crisis del mando, el concepto moderno de la soberanía. Sin aquella, este no puede entenderse.

Como puede comprobarse, estas aportaciones ontológicas resultan valiosas para la lectura de los tiempos históricos. Existe al menos otro criterio pertinente para descifrar y valorar las distintas versiones de la soberanía política. Es el que procede del presupuesto de lo público y lo privado, que atraviesa todos los regímenes políticos. Según Freund, un gobierno es representativo cuando los cuerpos intermedios adoptan la forma de una sociedad civil reconocida formalmente a través de las instituciones. Degenera, en cambio, en gobierno de las feudalidades cuando la pluralidad de los intereses privados destruye la unidad de lo público. La idea clásica de la subsidiariedad respondía a la preocupación del equilibrio del poder y la necesidad de la representación, vinculadas ambas a la problemática de la soberanía, que impulsó con su lógica imparable el canibalismo congénito del poder. Canibalismo que terminó cristalizando en una forma política nueva: el Estado Minotauro, en palabras de Bertrand de Jouvenel.

Estas breves anotaciones bastan para demostrar que una ontología de lo político resulta indispensable no sólo como complemento de un análisis puramente historicista (análisis que, a lo sumo, podría asumir la tarea de una compilación sistemática de la masa informe de datos y experiencias que arroja la historia), sino también como criterio valorativo. Un criterio, dicho sea de paso, que define el espíritu de las clasificaciones clásicas de las formas de gobierno, atentas siempre al diagnóstico sobre la salud y la corrupción de los regímenes políticos. La política nació como saber farmacéutico de las enfermedades de la ciudad.

BODINO, EPICENTRO

La mayoría de los problemas y de los equívocos que contiene la noción de soberanía, señala también Julien Freund en *La esencia de lo político*, se encuentran en Bodino. Para empezar, Bodino es el primero que expone un concepto de la soberanía. Subrayamos aquí el sentido del término «concepto», pues ya sólo por este motivo (la voluntad expresa de una clarificación conceptualista de la soberanía) el legista francés merece, a pesar de sus veleidades medievalizantes, el calificativo de pensador político protomoderno. En efecto, lo propio de la *forma mentis* moderna consiste en la reducción lógica-formal de la realidad política en forma de conceptos claros y distintos. La tradición política de Occidente no operaba con conceptos, sino con un depósito acumulado de sabiduría destilado a partir de la experiencia histórica de una realidad (en este caso, de una realidad política) que tendía a decantarse en una rica tradición compartida.

La influencia de los autores modernos (primero Bodino, pero después, y sobre todo, Hobbes, que perseveró y consolidó la deriva lógico-matematizante del análisis político moderno) fue tal que, desde entonces, se extrajo indebidamente la conclusión de que la soberanía sería un problema moderno, un problema presuntamente desatendido por la política antigua o medieval. De ahí la necesaria corrección que una metafísica de lo político ofrece. La ambigüedad de Bodino es, en primer lugar, responsable de la confusión y desorientación que sigue reinando actualmente. Bodino plantea una definición política de la soberanía, pero, al mismo tiempo, construye con ella un concepto jurídico. En cierto sentido esta confusión es muy ilustrativa, pues refleja el camino que ha seguido el pensamiento político y jurídico desde entonces hasta hoy. Bodino apuntaló con su teoría la potestad del príncipe, pero anunció con su despolitización jurídica la transferencia de la soberanía desde la monarquía hacia el Estado. Progresivamente, al consagrarse la voluntad general manifestada como poder legislativo, la soberanía se fue desvinculando del mando político personal. Es un dogma fundacional, la hipóstasis central de la mitología política moderna.

En efecto, un hilo conductor del pensamiento político moderno es la negación de la heteronomía del mando político, consecuencia directa de la identidad entre gobernantes y gobernados a partir de la leyenda del contrato social. Sin embargo, todas estas mistificaciones doctrinales e ideológicas se estrellan contra el muro de la observación empírica que custodia un realismo político apegado al análisis factual. Este análisis nos conduce al tipo de pregunta que sólo una ontología de lo político, pues ninguna regla del derecho es autónoma por sí misma para hacerlo, puede responder. A saber: ¿quién es el soberano y por qué? Es decir, ¿quién decide, en último análisis, sobre el campo de atribuciones delimitado por el mando político? Los cinco atributos esenciales que Bodino establece como rasgos de la soberanía (nombrar magistrados, promulgar o abrogar leyes, declarar la guerra, juzgar en última instancia y ostentar el «derecho» de vida y de muerte) ¿podrían deducirse sin más de una regla jurídica sin apelar a la decisión, eventualmente arbitraria y gratuita, de quien ejerce en ese preciso momento el mando político?

No hace falta recordar la célebre frase de Carl Schmitt: es soberano quien decide sobre el estado de excepción. En cierta manera, Bodino es plenamente consciente de esta realidad política trascendente, pero, al enmarañarla con las reglas de su oficio (era el tipo de legista que había desplazado a los teólogos), incurrió en el mismo tipo de confusión entre política y derecho que la que habían representado teología y política durante largos siglos. En ambos casos la realidad política, quizá demasiado desagradable, volvía a encubrirse bajo el manto de argumentos ajenos (ora religiosos, ora jurídicos), pues la noción de soberanía siempre ha sido propicia a la subasta de los talismanes legitimadores que cualquier régimen político requiere para consolidar socialmente su autoridad. Esta estrategia de disimulación sólo puede ser desvelada por una ontología de lo político liberada de la miopía ideológica. De ahí la necesidad de contar con ella en el estudio de la soberanía. Porque es preciso devolver la soberanía a su propia esfera, que no es la del derecho ni tampoco la de la teología.

La ontología de lo político aporta una clarificación metodológica fundamental: permite distinguir entre la soberanía tal y como existe realmente (es decir, como un atributo político de quien ejerce el mando efectivamente) y la soberanía tal y como se presenta en función de la moda dogmática de cada época y situación. Esto explica los abundantes conflictos entre la soberanía jurídica o formal (de derecho) y la soberanía política real (de hecho). Devolver la soberanía a su propia esfera (lo político) permite esquivar los riesgos de la conceptualización que enarbolan las ficciones doctrinales o ideológicas.

De este modo, una ontología de lo político ofrece una primera razón, esencial, para hablar de soberanismos en plural en la historia de las ideas. Existe una segunda razón que se deriva del otro vector de análisis, el vector histórico, que complementa al metafísico. A la hora de emplear el término de soberanía es importante evitar el cronocentrismo retrospectivo, tentación presentista en la que ha caído frecuentemente el estudioso proclive a emplear expresiones anacrónicas llamativas, como «Estado romano» o «economía de los griegos». Estas operaciones son habituales en el marco de esa disciplina llamada «historia de las ideas». Piénsese, por ejemplo, en conocidas oposiciones, como la de libertad de los antiguos y la libertad de los modernos o la de la democracia moderna y la democracia griega. Cuando se enuncian estas oposiciones, se distinguen diversas acepciones de un concepto (la libertad, la democracia), pero se obvia que tales oposiciones parten de una presunta identidad, la identidad que resulta de la hipostatización del concepto moderno, que se proyecta retrospectiva y prospectivamente a partir de su génesis fundacional. En este modo de análisis se olvida que los conceptos políticos no son compartimentos que se puedan abstraer de su contexto de origen y trasladarse o injertarse a otros contextos históricos con el único propósito de observar las diferencias. Los conceptos políticos modernos no se pueden separar de su marco general; forman un entramado.

Esto mismo se debe aplicar al concepto moderno de soberanía, un concepto inseparable del contexto general que redefine viejas palabras, ya conocidas, como libertad o pueblo. Estas palabras antiguas, articuladas en este caso con la soberanía, brindan un andamio filosófico general que podría caracterizarse como un modo de pensamiento. Es ese modo de pensamiento político el que resulta ineludible para entender la idea moderna de soberanía. Y sólo ese modo de pensamiento permite oponer esta idea a otras ideas de soberanía expuestas en función de otros modos de pensamiento. Así, por ejemplo, el término *societas* se empleaba según una venerable tradición de pensamiento para exponer la idea de una comunidad de hombres fundada en su inherente politicidad natural. Pero el moderno iusnaturalismo emplea ese mismo término para indicar una realidad que se basa en el presupuesto del individuo como mito fundador para la construcción artificial de un artefacto político sin el cual no es posible la relación entre los hombres. ¿Tiene algún sentido escoger el término «sociedad» como brújula orientadora en el análisis comparativo de las ideas políticas sin atender al marco general en el que se incrusta el sentido profundo (y opuesto) de ese término según el contexto respectivo?

No existe la modificación histórica de un concepto eterno y universal (llámese sociedad, libertad, pueblo o soberanía), sino más bien el nacimiento de conceptos que obtienen su significado en relación con una época que determina el marco conceptual del conjunto. Este es el caso del concepto moderno de soberanía, que habría que distinguir del concepto no moderno o, en su caso, del concepto vinculado a una eventual modernidad alternativa, derrotada o menor. En estos dos últimos casos, quizá sería más correcto hablar de *no-conceptos* o incluso *anticonceptos*. No se debe olvidar que aquello que llamamos conceptos modernos remite al filtro que imponen las formas políticas triunfantes. Así, podríamos distinguir una soberanía vinculada a la forma política estatal de una soberanía asociada a otras formas políticas. Naturalmente, en estos casos, podemos preguntarnos si es legítimo utilizar el mismo término para designar dos conceptos tan alejados en la forma de entender el alcance, fundamento y finalidad del mando político.

El análisis de la soberanía aquí tropieza con dos grandes dificultades. La primera consiste en determinar cuál es el significado mínimo común (el denominador ontológico-normativo de la soberanía) para poder identificarlo a lo largo de la historia tras la diversidad de concepciones y definiciones que chocan o se suceden. Esta primera dificultad se desprende del propósito general de este trabajo, a medio camino entre la historia y la metafísica de lo político. La segunda dificultad es metodológica: la palabra «soberanía» data de finales del siglo XIII. Entonces, ¿empezamos las historias de la soberanía en el siglo XIII como historias de otros tantos significados de un mismo significante o complicamos un poco más nuestro enfoque considerando que los significados de la soberanía pueden preceder a la aparición del significante? En otras palabras, algunos de los elementos de la soberanía moderna preceden a la aparición de la palabra, y el uso de la palabra, una vez atestiguado, no conlleva un único significado, sino que conserva varios.

La respuesta a esta pregunta dependerá de la proximidad histórica de las versiones alternativas de la soberanía. No es lo mismo hablar de la soberanía en la democracia ateniense o en la antigua Roma (uso anacrónico que debería activar todo tipo de prevenciones, matices y reservas) que hablar de la soberanía en Hobbes, Bodino, Altusio o Rousseau. Restituir los modos de pensamiento asociados a cada época nos ofrece la posibilidad de confeccionar soberanismos epocales que, sin ser tipos-ideales al modo weberiano, contribuyen a través del estudio de una única idea (la soberanía) a presentar y clarificar un cierto estilo histórico del ejercicio del mando político.

Los conceptos políticos no se presentan aislados, sino enmarañados unos con otros en complejas constelaciones semánticas y en horizontes de sentido más amplios. Los conceptos políticos fundamentales asociados a un periodo histórico identificable (como el de soberanía moderna) son pilares que sostienen la arquitectura argumental de una época. Estos conceptos son también herramientas orientadas a la acción. No sólo son índices, sino también factores del cambio histórico. Los conceptos políticos modernos también fueron armas que se dispararon contra los enemigos de ciertas concepciones del orden. En esta batalla dialéctica se decidieron no pocos combates históricos. Como supo ver Coleridge, «el lenguaje es el arsenal de la mente humana y contiene, al mismo tiempo, los trofeos de su pasado y las armas de sus conquistas futuras». Las ideologías que se disputarán el poder político y simbólico utilizarán los conceptos modernos, como si remodelaran los muebles de un salón teórico en función de los objetivos de cada situación histórica.

Así, los soberanismos epocales implican la aceptación hermenéutica de que el aparato conceptual que usamos, lejos de ser universal, está condicionado por el nacimiento del mundo moderno. Para conceptos como el de soberanía, que nacen (tras un largo periodo de incubación) en el siglo XVI y llegan hasta nuestra contemporaneidad, es esencial considerar la ruptura que suponen con el mundo antiguo y medieval. Más aún, un concepto como el de soberanía, especialmente en el sentido de una evolución marcada por el triángulo Bodino-Hobbes-Rousseau, representa uno de los ejes de disolución más relevantes del mundo premoderno. Es erróneo, por tanto, afirmar que existen conceptos políticos universales que atraviesan épocas diversas a través de diferentes connotaciones. Más bien existe una época de los conceptos modernos en la que estos son construidos de una manera específica, original, y se relacionan entre sí en un sistema que dota a cada uno de ellos del sentido y alcance que por sí mismos no serían capaces de lograr.

Fuera de esta época moderna de los conceptos políticos existe un modo diferente de pensar al hombre, el vínculo social y, por tanto, la política. Quizá sólo algunos conceptos políticos muy generales como el mando y la obediencia, la amistad y la enemistad, resistan a la barrera de la epocalidad. Quizá sean las únicas realidades mínimas con credenciales suficientes para habitar el universo transhistórico de lo político más allá de los condicionantes epocales. La soberanía, por su parte, debería entenderse como uno de los modos de entender o de negar, de afirmar o exagerar, la relación de mando y obediencia y, por tanto, de reconocer o autoengañarse ante esa realidad previa e insuperable. En la combinación dialéctica entre el análisis ontológico de lo político (que admite a su vez la génesis embriológica, es decir, la arqueología) y el análisis histórico-epocal, se podrá hallar un modo heurístico adecuado para una comprensión más cabal del impacto de la idea de soberanía en nuestra historia, así como de la crisis en que vive inmersa en nuestros días.

DE LA ARQUEOLOGÍA DE LO SAGRADO A LA FARMACOLOGÍA POLÍTICA: LOS SANGRIENTOS ORÍGENES DE LA SOBERANÍA

«En la historia del hombre, los comienzos suelen pasar inadvertidos», escribió el gran historiador de la Grecia antigua Jean-Pierre Vernant. Este fatal olvido es particularmente grave en el ámbito de lo político porque, como apunta Jerónimo Molina, «la dinámica política resulta ininteligible si se ignora su radicación en un lecho estático, de profundos estratos en los que sedimentó la politicidad humana». La arqueología de lo político puede considerarse el tipo de disciplina asociada a esta preocupación, hija de la sed metafísica, por las incógnitas inauguraciones y los orígenes primordiales. Se trata de un género de análisis metapolítico que, en nuestro caso, puede contribuir a contrastar la noción moderna de soberanía con su origen arcaico. Sin duda, es legítimo discutir la posibilidad de alcanzar una respuesta definitiva a la cuestión sobre el origen de lo político debido a la insuficiencia de la documentación etnográfica y a la insuperable incapacidad consiguiente de los modelos hermenéuticos. El conocimiento que se ha alcanzado de los grupos sociales arcaicos (hordas, clanes y castas) sigue siendo, a pesar de toda la objetividad de los métodos científicos aplicados, fragmentario y seguramente hipotético. Por ello siempre resulta atrevido sacar demasiado pronto conclusiones generales de nuestros conocimientos etnológicos. Estas teorías nunca aclaran definitivamente cuál es la intervención extraordinaria o misteriosa que hizo aparecer de golpe lo político, con sus rasgos específicos. Por tanto, cualquier heurística sobre los orígenes de lo político de la que se quiera extraer alguna legalidad o regularidad fundamental debe considerarse con toda precaución. ¿Hubo un origen? No parece posible zanjar esta cuestión. Julien Freund –sensible como nadie a la indagación de las esencias y, por encima de todas, de la política– escribió que todos los problemas de origen son malos problemas porque explican una noción o una realidad mediante otras nociones o realidades que le son extrañas, y así se cree en la posibilidad de encontrar la razón de lo político en lo que no es político. Sin duda, este riesgo existe. Pero, por otro lado, el regreso al origen, es decir, a los momentos fundacionales de una unidad política, siempre ha sido un importante *locus* clásico de la filosofía política, hoy desagraciadamente abandonado. Este retorno a un manantial primordial resulta muy útil para enriquecer el saber político. De nuevo es Jerónimo Molina quien nos saca de dudas cuando recuerda que «la investigación paleontológica es *conditio sine qua non* de toda antropología política». Y lo es especialmente en el caso de la soberanía, genéticamente asociada a situaciones de crisis o excepción en las que la cuestión del origen resucita bajo velos y formas más benignas. Lo veremos especialmente y con más detalle en el análisis de las formas mentales del pensamiento político, que trataremos a continuación.

Ya se ha comentado que la idea de los modos de pensamiento respeta las reservas expresadas, pues considera la realidad de las nociones o conceptos interconectados a mundos de experiencias compartidas y redes históricas de sentido. No sólo eso, sino que las formas epocales del pensamiento político o modos de pensamiento político no son incompatibles con la distinción entre lo político (que remite al ser) y la política (que remite al hacer). Lo político es una esencia y la política su forma de actuar. En la combinación dialéctica y variable de lo político (ontología) y la política (historia) se equilibran sus mutuas exigencias (la historia no puede erradicar el ser, pero sí orientarlo o cabalgarlo), determinando así la tendencia dominante de cada época. Los modos de pensamiento político permiten introducir un criterio interpretativo coherente en medio de la confusa realidad histórica.

Dalmacio Negro ha identificado tres modos de pensamiento político: el farmacológico (que prende en Grecia y Roma y se conserva con otras adherencias durante la Edad Media), el cratológico (que, aunque de raíces también antiguas, se reinventa y actualiza a partir del Renacimiento) y el utópico-futurista (de naturaleza europea y revolucionaria, procede de la política calvinista, se manifiesta de modo privilegiado en la Revolución francesa y prolonga su influencia hasta la Revolución rusa y, a través de ella, a todo el siglo xx). Estos modos de pensamiento encajarían con las formas epocales del pensamiento recogidas en el método propuesto en líneas anteriores.

La política *farmacológica* (medicamento racional o lógico) es la que puede ser más claramente vinculada a un saber primordial sobre el origen. Definida como el arte de restaurar el equilibrio del cuerpo político, concebido como un organismo (un ser vivo como la *polis*), su propósito esencial consistía en buscar la armonía social del mismo modo que el médico equilibra los humores del cuerpo individual. Este modo de pensamiento presupone la naturalidad del mando político y, por consiguiente, del gobierno. Su idea rectora es el bien común. Alimenta su saber de los conflictos o enfermedades del cuerpo social proponiendo la medicina (en su caso, la cirugía) que se exige en cada situación y la dosis del fármaco que curará o salvará al enfermo. Este modo de pensamiento político distingue la función política de la que corresponde al derecho o a la educación. El derecho aparece cuando la cortesía es incapaz de neutralizar los conflictos. Lo político, en cambio, interviene cuando los conflictos son tan intensos que tampoco puede hacerlo el derecho. El derecho romano era concebido como una medicina o farmacopea universal para sanar los conflictos, distinguiendo el *ius publicum* (relativo a la *res publica*, la cosa común, el *bonum commune* o *bien común*) del *privatum* para los asuntos en que no estaba en juego la vida de la *civitas*, es decir, que no amenazaba la salud general del organismo. Así, la condición política o apolítica de un fenómeno depende de su intensidad, que se corresponde con el estado de amenaza a la salud del organismo social o de la extensión de la enfermedad conflictiva. Por eso decía Schmitt que no tiene la política un objeto material concreto.

En Roma, también era farmacológico el principio político-quirúrgico fundamental: la máxima *salus populi suprema lex*. La máxima citada resume la lógica política de la intensidad: la política se torna quirúrgica cuando fracasa la farmacopea. Es quizá la forma más antigua de considerar los estados de excepción, situaciones políticas asociadas que resultan ecos del origen fundacional. Situaciones en las que, al no bastar la medicina del derecho, hay que acudir a la cirugía. Para prevenir esta posibilidad, regularon jurídicamente la dictadura comisaria, forma del gobierno con *imperium*. Estas referencias no son gratuitas. Al contrario, demuestran que existe una esencia de lo político que atraviesa la diversidad de formas epocales del pensamiento político y la variedad de formas políticas. La farmacología política ya sugiere una cierta forma de exterioridad: la del médico frente al cuerpo social del enfermo. Es una exterioridad que hay que explicar y que resulta decisiva para el estudio de la soberanía. ¿Cómo surge esa exterioridad y por qué absorbe una parte (quizá toda) de la soberanía natural del cuerpo social, hasta el punto de decidir sobre su vida y su muerte?

En cualquier caso, el modo farmacológico de pensamiento condensa la sabiduría política propia que, heredera de Atenas, Roma y Jerusalén, llega a Europa, según Rémi Brague, mediante la vía romana, que concilia la herencia griega con la revolución moral del cristianismo. Ahora bien, si lo político salió del seno de lo sagrado para velar por el orden social, como también afirma Dalmacio Negro, el modo farmacológico de pensamiento político es el modo natural y ontológicamente más asociado al origen y el fundamento. Quizá el parto de lo sagrado fuese el preámbulo, la prehistoria de la crónica propiamente dicha del poder político y su soberanía. Al fin y al cabo, la relación originaria entre lo político y lo sagrado puede asimilarse a una forma de subrogación funcional que explica la desdivinización operada primero por la filosofía griega y después por el cristianismo. Esta subrogación exige la explicación de un modo de transición entre lo sagrado y lo político. La subrogación y la transición deben ser compatibles con el modo farmacológico de pensamiento resultante. Dicha reflexión debe aportar una lectura valiosa para la tesis embriogénica de la soberanía en el sentido arcaico.

En el imperio egipcio la medicina era muy importante, un arte divino de la vida cultivado por sacerdotes-astrónomos. Algunos autores han vinculado la comprensión platónica de la política a la medicina egipcia, entendida como el arte de curar el cuerpo político. Los estudios del egiptólogo Jan Assmann subrayan la dimensión sagrada del gobierno del faraón, que ejercía su poder con la autoridad del sacerdote. Esta fusión entre el sacerdocio y el poder político sugiere que la genuina tradición política occidental, la de Grecia y Roma, quizá encuentre su origen en la economía de la violencia del *pharmakon*, veneno y al mismo tiempo remedio social de los conflictos intracomunitarios suscitados por los deseos miméticos. Una de las exploraciones más penetrantes de la violencia y lo sagrado la encontramos formulada en el antropólogo francoamericano René Girard, a cuya teoría han prestado atención pensadores políticos de la talla de Philippe Nemo, Pierre Manent o Dalmacio Negro.

En su famoso *Ensayo sobre el catolicismo, el liberalismo y el socialismo*, Donoso Cortés comenzaba advirtiendo que en toda gran cuestión política va envuelta una gran cuestión teológica. Sin embargo, Simone Weil observaba que, más que una teoría sobre Dios, el cristianismo propone una teoría sobre el hombre. Carl Schmitt, por su parte, en *El concepto de lo político*, expuso que se podrían clasificar todas las teorías políticas en función del pesimismo u optimismo antropológico que presuponen, señalando así que ninguna afirmación antropológica está exenta de consecuencias políticas. Sintetizando estas reflexiones, Dalmacio Negro subraya que «el orden político, la superficie de todo lo demás, es un orden que engloba las demás formas concretas del orden social. Y esto hace que las ideas sobre el hombre, operando como síntesis explicativas de la vida temporal, condicionen el pensamiento político». La función del gobierno remite necesariamente a la condición conflictiva del hombre como ser de relaciones miméticas. René Girard lo resumió con una fórmula penetrante: «Entramos en una etapa en la que la antropología será un instrumento más pertinente que las ciencias políticas». Fue justamente el antropólogo francoamericano quien observó que el gobierno, en tanto que titular de la responsabilidad política, hereda la función social que, en el marco de la mentalidad primitiva, asumen las instituciones arcaicas que se propuso estudiar en *La violencia y lo sagrado*.

La interpretación sobre la monarquía sagrada puede ser, según la lectura arqueológica propuesta por la teoría mimética girardiana, el cordón umbilical que liga lo sagrado con la esencia de lo político. En este sentido, la forma farmacológica de pensamiento político es la más pura, pues piensa la esencia de lo político a partir de este cordón umbilical. Entender el tránsito de lo sagrado a lo político implica también comprender los cambios de paradigma en el plano de las mentalidades. El nacimiento de lo político implica un punto de inflexión entre la mentalidad primitiva, regida según algunos autores por un tipo causalidad mágico-perseguidora (Girard) o diabólica (Poliakov), y la mentalidad racional, que se abre lentamente al *logos* de lo político. Sólo un modo de análisis embriogénico permite vincular el mundo de lo sagrado y la ontología de lo político y desprender de ello una lectura primordial de la soberanía asociada al principio farmacológico romano del *ius vitae ac necis*. *Necropolítica* es un término acuñado por el historiador camerunés Achille Mbembe. Este autor define la soberanía como parte de la *necropolítica*, es decir, como «el poder de dar vida o muerte». Repárese en que el término de origen latino *necro* está emparentado con «nigromancia» (*necromantia*), las artes oscuras de invocar a los muertos. Dejar vivir o matar son, por consiguiente, los límites de la soberanía, sus principales atributos. Ser soberano significa ejercer control sobre la mortalidad y definir la vida como el despliegue y la manifestación del poder. A pesar de las variaciones históricas y de las sucesivas transformaciones (en ocasiones radicales) de los modos de pensamiento, esta forma primigenia de soberanía no se puede erradicar del todo en la medida en que su ascendiente sobre la esencia de lo político no se puede eliminar definitivamente. Lo demuestra, por ejemplo, el tristemente famoso Comité de Salud Pública durante la Revolución francesa. Aunque la revolución inauguró en Europa el modo de pensamiento utópico y futurista, el comité recuperaba la función farmacológica en situaciones de excepción y crisis, al igual que las constituciones modernas conservan la regulación de los estados de excepción. La anticomanía de los revolucionarios blindaba también la recepción de la farmacología política romana.

La concepción farmacológica corresponde a la definición de soberanía planteada por Schmitt: el poder de decidir sobre un estado de excepción. En esta dirección, el rey sagrado se presenta como expresión primigenia de la farmacia política. La teoría morfogenética de René Girard ofrece una hipótesis poderosa para interpretar la noción arcaica de la soberanía y la consecuente idea de decisión sobre la vida y la muerte, pues también ella responde a la común finalidad de lo sagrado y lo político. La concordia interior y la seguridad exterior son, en este sentido, finalidades geminadas que requieren de un recurso original: el *ius vitae ac necis*, propiedad diamantina y fontanal de la decisión política. «Lo político era la forma en que lo sagrado cuidaba la unidad y seguridad de la comunidad haciendo prevalecer el derecho. Su finalidad era administrar el *ius vitae ac necis*», recuerda Dalmacio Negro. Por su parte, Jacques Derrida se pronuncia así sobre la farmacia platónica:

La ceremonia del *pharmakos* se representa, pues, en el límite entre el interior y el exterior que ella tiene como función marcar sin tregua. Intramuros/extramuros. Origen de la diferencia y de la partición, el *pharmakos* representa al mal introyectado y proyectado. Benéfico en tanto que cura –y por eso venerado, rodeado de cuidados–, maléfico en tanto que encarna los poderes del mal, y por eso temido, rodeado de precauciones. Angustioso y apaciguador. Sagrado y maldito. La conjunción, la *coincidentia oppositorum*, se deshace sin cesar mediante el paso, la decisión, la crisis. La expulsión del mal y de la locura restaura la *sofrosine*. La exclusión tenía lugar en los momentos críticos (sequía, peste, hambruna). La decisión era entonces repetida [...] Platón no podía desconocerlo.

El chivo expiatorio no sólo subsume la ambivalencia maléfico-benéfica, sino la exterior-interior en tanto que forastero monstruoso acogido por la comunidad. De hecho, en los momentos de crisis el orden, en su totalidad, volvía a cuestionarse y se requería reactivar el poder apaciguador del rito en el que el rey, amenazado en su soberanía, reproducía el combate originario del que emergió el orden. De este modo, según apunta Vernant, que recuerda el poema babilónico de la creación, «la prueba y la victoria reales tenían una doble significación: a la vez que confirmaban el poder de soberanía del monarca, adquirían el valor de una nueva creación del orden cósmico, meteorológico y social. Por una virtud religiosa del rey, la organización del universo, tras un período de crisis, se veía renovada y asegurada para un nuevo ciclo temporal». Resultado de conflictos originarios, el orden soberano los elimina por completo y los excluye de la vida colectiva.

Estos análisis coinciden con la teoría morfogenética de Girard, quien advierte por su parte del carácter sacrificial de la decisión, pues esta es, en origen, como se apunta en el Evangelio de Juan, derecho de vida y muerte: «Juan subraya que cualquier *decisión* verdadera en la cultura tiene un carácter sacrificial (*decidere*, lo repito, es cortar el cuello a la víctima) y por consiguiente se remonta a un efecto de chivo expiatorio no desvelado, a una representación persecutoria de tipo sagrado». Esta función sacrificial de toda decisión está en el origen de una razón política autónoma, una vez que el *logos* se emancipa progresivamente del mito. Decidir se expresa entonces, en plena coherencia, como «cortar», interrumpir la conflictividad mimética. Se pasa de la soberanía sagrada y prepolítica a la soberanía farmacológica y política: el derecho de vida y de muerte que define la misión del titular del mando político. Así se entiende que Girard sostenga que «el agotamiento extremo del mecanismo (victimario) es lo que produce esta razón política haciéndole perder todo carácter trascendente, justificándola por la utilidad social». En cualquier caso, la razón política conserva el eco de su grito originario, que no es otro que el gemido de la víctima sacrificada. «Las palabras "sacrificio" y "sacrificar" tienen el sentido preciso de volver sagrado, de producir lo sagrado». La víctima «sacrificada» es, por ese motivo, el epicentro del orden sagrado que va a nacer como efusión del asesinato primordial. Girard lo resume con una fórmula penetrante: «Los pueblos no inventan a sus dioses: divinizan a sus víctimas». El sacrificio «es la muerte que produce la vida». Es la misma ambivalencia que recuerda el sociólogo italiano Carlo Gambescia cuando define el espíritu de la farmacia política: «Lo político es parte constituyente del impulso vital. A la vez fármaco que salva y veneno que puede matar». En este sentido, esta soberanía farmacológica nunca puede morir a menos que desaparezca lo político como tal. La idea arcaica de soberanía debe mucho más a los «sangrientos orígenes de la violencia y lo sagrado» de lo que la ciencia política contemporánea estaría dispuesta a admitir.

No sólo Girard; también otros autores modernos como Vilfredo Pareto observaban que en ciertos teoremas políticos y sociales siguen influyendo mitologemas religiosos secularizados que operan como residuos míticos al servicio de programas ideológicos concretos. Jean Gebser recordaba que estas estructuras no sólo pertenecen al pasado, sino que, de una forma más o menos latente o aguda, aún siguen presentes en la mentalidad del hombre contemporáneo. Esta forma arqueológica de analizar la realidad es relevante para entender el surgimiento de lo político como forma de afrontar las relaciones humanas a partir de una nueva era de la consciencia individual y colectiva.

Lo político originario puede ser entendido como la toma de consciencia y la educación colectiva de una acción ante la amenaza de una realidad exterior, exterioridad humana o natural, pues las fuerzas cósmicas se entrelazan en la mentalidad primitiva con divinidades de forma humana. La primera expresión, casi balbuceante de esta consciencia y de esta acción, se asienta en el ritual. La humanidad es hija de lo religioso y lo político preserva el cordón umbilical de esta filiación. Lo político salió del seno de lo sagrado; comparten, por tanto, una misma y sola función: asegurar la concordia y el orden frente a las amenazas de discordia y desorden. Como dice el antropólogo Camille Tarot, tal vez la diferencia entre lo político y lo religioso sea que la mediación de la política es en primer lugar el cuerpo, mientras que la de lo religioso es el cadáver. La realeza sagrada debe entenderse como una variante menor de este mecanismo general de fabricación de dioses que opera en el espacio arcaico primitivo, regido por la consciencia y la causalidad mágicas. A diferencia del resto de dioses, el rey sagrado es un dios vivo. Para algunos autores como René Girard, la anómala prolongación de su ritual de linchamiento colectivo (el aplazamiento de su inmolación sacrificial) le permite capitalizar en su propio beneficio la prórroga del proceso para transformarlo en poder político. Esto explica los lazos simbólicos que existen entre la soberanía y el rito sacrificial. Además, desvela la razón por la que los reyes son pensados con frecuencia como dioses en la tierra y los dioses como los reyes de los cielos. Más allá de las hipótesis, he aquí, en todo caso, en ese *continuum* religioso-político propio de la cosmovisión arcaica, la primera raíz de la fuente farmacológica. ¿Política o religión? Los términos de esta pregunta son una vez más propios de la mentalidad moderna, educada por siglos de laicidad cristiana. El fondo político-religioso original es indiscernible. Como recordaba Jean-Pierre Vernant en su estudio sobre los orígenes del pensamiento griego, a vida social en la monarquía micénica orbitaba en torno al palacio, cuya función era «religiosa, política, militar, administrativa y económica a la vez». En este sistema «el rey concentra y reúne en su persona todos los elementos del poder, todos los aspectos de la soberanía». La existencia de un fondo político-religioso es común a todas las sociedades, pese a que cada una lo haya fragmentado y organizado posteriormente a su manera, algo de lo que hay que rendir cuenta en cada caso y para cada cultura. Pero hay un modo de unificar todas esas experiencias a partir de su función primera, la función *pharmakológica*. Primero porque lo religioso y lo político han nacido de la misma violencia y son igualmente susceptibles de regresar a ella e igualmente forzados a volver a salir de ella. En cierta manera, ni las sociedades políticas ni las sociedades religiosas han logrado jamás escapar definitivamente de la violencia inicial. Como eco de la marca de Caín, tanto la soberanía arcaica como la moderna recogen todas las marcas de la común función farmacológica. Las modulaciones epocales consisten en subrayar, difuminar o borrar esas marcas.

La idea primordial de soberanía no puede desvincularse de este parto lento y doloroso que explica el surgimiento de lo político a partir de lo sagrado. Las teogonías y cosmogonías griegas incorporan relatos de génesis que explican la aparición progresiva de un mundo ordenado. Pero, como apunta Vernant, son «también y ante todo, otra cosa: mitos de soberanía». En efecto, el orden arcaico resulta derivar de la victoria de un dios soberano. Así, la teogonía de Hesíodo se presenta como un himno a la gloria de la realeza de Zeus. La estabilidad y la confusión de un caos anterior han sido eliminadas gracias a la supremacía alcanzada por un dios que ha derrotado a fuerzas oscuras de rivales y monstruos. Así, «el establecimiento de un poder soberano y la fundación del orden aparecen como los dos aspectos inseparables de un mismo drama divino, como el trofeo de una misma lucha, como el fruto de una misma victoria». Este es un significativo hilo que liga la soberanía arcaica con la moderna: ambas conciben el orden como producto de una voluntad soberana. No es el orden lo que antecede y limita al soberano. Es el soberano el que funda, establece y (eventualmente) modifica el orden. «El orden, en todas sus formas y en todos sus dominios, queda bajo la dependencia del soberano». Bajo este esquema de pensamiento mítico, arcaico o moderno, no se puede imaginar ni un dominio autónomo de la naturaleza ni cabe una discusión propiamente política. Vernant recuerda algo significativo: «El término *arkhé*, que hará carrera en el pensamiento filosófico, no pertenece al vocabulario político del mito». Esto se debe a que la imposición de la perspectiva del poder del soberano silencia las discusiones sobre el principio y fundamento del orden del universo. El mundo queda completamente subsumido en el poder excepcional de un agente único y privilegiado que se sitúa en un plano superior y diferente, en la «cúspide del edificio cósmico». Es esta *monarkhía* sagrada la que fija el equilibrio de las potencias del universo, la que ordena sus relaciones y preserva el orden que no existiría sin ese acto soberano y fundador de creación y ordenación. Como veremos, si dejamos de lado el hecho de que el orden social se emancipará del orden cósmico, este esquema se corresponde milimétricamente con la visión de la soberanía moderna que encontraremos en Bodino.

Con la irrupción de lo político se afirma un nuevo modo de estar en el mundo que no nace de la dominación pura, como han querido sugerir muchos teóricos carentes de aliento arqueológico, sino de la paulatina afirmación de una mentalidad colectiva diferente. La dominación no explica nada. Es lo que debe ser explicado. Autores como Bertrand de Jouvenel o Guglielmo Ferrero han insistido en el origen y carácter misterioso de la obediencia humana al mando político. Los «genios invisibles de la ciudad» se imponen silenciosamente. ¿Cuáles son los misteriosos mecanismos que respaldan nuestra condición servil? Bertrand de Jouvenel no dudaba en señalar los orígenes mágicos del poder para descifrar las raíces últimas de la predisposición psicológica del hombre a la obediencia. Y, ante la dificultad de acceder a las fuentes que permitieran iluminar los modos de gobierno de las sociedades más primitivas, reconocía: «Nos queda el etnólogo como último recurso».

Para la mentalidad primitiva no existe el azar, ni siquiera como divinidad independiente (la diosa fortuna). Todo mal proviene de una intención maligna, de donde se sigue la obsesión colectiva por neutralizarla mediante ritos sanadores. La realeza sagrada, síntesis de la fusión farmacológica en la que se cultiva el elixir arcaico de la soberanía como poder al mismo tiempo maléfico y benéfico, concentra una carga social ambivalente: no se le imputa sólo la causa del mal que padece la comunidad (el rey es chivo expiatorio antes de ser rey), sino también la del bien que la cura. El rey es un dios vivo que convierte su voluntad sagrada en legitimidad social. He aquí el origen remoto del poder político, la razón de su sagrada legitimidad y la raíz misteriosa de la obediencia. Vernant apunta, en desarrollo de la virtualidad teórica de una caja negra religioso-política en cuyo seno se oculta el fondo secreto de la soberanía, que «cabe pensar que si el poderío real se ejerce así en todos los dominios, es porque el soberano, como tal, se encuentra especialmente en relación con el mundo religioso». Puesto que el rey tiene que dominar sin cesar las malas influencias se comprende que también pueda ser sacrificado por ineficaz. Es también Vernant quien recuerda la ordalía que cada nueve años imponen los éforos a los dos reyes espartanos, «escrutando el cielo en el secreto de la noche, para leer si en él los soberanos no habrán cometido tal vez alguna falta que los descalifique para el ejercicio de la función real». Del mismo modo el rey hitita era capaz de abandonar en plena campaña la conducción de sus ejércitos si sus obligaciones religiosas le exigían retornar a la capital para encabezar los ritos a su cargo.

La función sacrificial es el germen de la función política. Podría pensarse que con la erradicación de las viejas monarquías este arcaico universo de la violencia y lo sagrado se hubiese desmoronado para siempre. Pero las mentalidades, en esa interacción de residuos y derivaciones brillantemente formulada por Vilfredo Pareto, se resisten a seguir el curso de una ciencia desacralizada (si es que la ciencia ha logrado alguna vez semejante hazaña). El hombre moderno traslada al Estado, con toda su neutralidad e impersonalidad, los viejos vestigios de las reverencias lejanas. El poder que reemplace al poder mágico heredará algo de su prestigio religioso. El diagnóstico no puede ser más certero: el poder más antiguo ha legado algo a los más modernos. Más aún: no podrá sobrevivir si no mantiene la llama de sus virtudes mágicas. ¿No es acaso esta mezcla de temor y temblor la raíz más profunda e inextinguible de la fuerza secreta que emana de la soberanía política, que se resiste a desaparecer a pesar de las sucesivas olas desacralizadoras?

El mando y la obediencia o la distinción amigo-enemigo son presupuestos de lo político porque han sido fundados «más acá de lo político» y sólo pueden ser entendidos en su naturaleza más profunda por una lente que vaya «más allá de lo político». La ciencia política –sentenció con la autoridad del sabio Fernández-Carvajal– es «un mar sin orillas».

Generada «por abajo» en virtud de la lógica del chivo expiatorio, la religión permite, a partir de la consciencia mágica que la sustenta, engendrar «por arriba» una institución decisiva como la monarquía sagrada, institución llamada a emancipar la esencia misma de lo político como esfera independiente. La esencia farmacológica de este fenómeno psicosocial capta en su integridad la ambivalencia del proceso que conduce a la monarquía sagrada y que se manifiesta con su naturaleza bifronte. Como ha escrito el antropólogo francés Camille Tarot, los rasgos apotropaicos, catárticos, profilácticos y «farmacéuticos» se explican por su génesis y su vínculo estructural con el fenómeno del chivo expiatorio, que define la función primera de la religión y, por subrogación, de lo político.

Por tanto, la transformación del mal en bien no es sólo una construcción imaginaria del pensamiento político moderno. Antes del contractualismo social surgido de la antropología pesimista, belicosa y racionalista de Thomas Hobbes, la naturaleza del *pharmakos*, inscrita en lo más profundo de los sangrientos orígenes de la humanidad y de la cultura, ya había propiciado su propio Leviatán prebíblico y primitivo. He ahí la matriz mágica de toda soberanía política, que no es otra cosa que soberanía sagrada. Lo político, como tal, subsume su propia naturaleza en este parto sangriento de dioses y reyes que la teoría de Girard ha revelado. La reflexión de Hobbes sobre el Leviatán moderno representa la versión desacralizada de la construcción sociogenética del poder político. En clave racionalista, los cimientos antropológicos de su teoría (rivalidad consustancial a la condición conflictiva del hombre), al igual que sucede con Girard, proyectan una exterioridad imaginaria capaz de neutralizar los conflictos. La solución de Girard es religiosa, la de Hobbes es política. En los dos casos, la causa eficiente del proceso es farmacológica: resolución favorable y salvífica provocada por un virus en forma de crisis social. Girard puede entender lo político a partir de lo religioso. Incapaz de pensar lo religioso como caldo primigenio de la humanidad, Hobbes representa un Girard politizado. De ahí que su teoría se desmarque de lo farmacológico para apuntar hacia el sentido cratológico, que marcará desde entonces el rumbo del pensamiento político moderno. En general, el giro racionalista del pensamiento político moderno busca expulsar metódicamente todo rastro de violencia fundacional mediante el recurso a las hipótesis lógicas.

La naturaleza de la política cotidiana, desenmascarada de su careta ideológica por su más cruda función simbólica y social, no se distingue mucho de la matriz girardiano-hobbesiana. «Encontramos compromisos con el mal o el peligro, lo integramos y tratamos de transformarlo en bien, pero después de haber colocado brechas y distancias que permiten un asimiento. ¿Es preciso añadir que este es el arte de lo político?», se pregunta Tarot. En cualquier caso, este antropólogo francés entiende con razón que la propuesta hermenéutica de Girard es la más poderosa de todas, pues a partir de ella se puede explicar su versión politizada hobbesiana. El Estado moderno, de forma ilusa, cree poder fundar la religión ignorando que es la religión primitiva la que funda lo político a partir de una psicosis farmacológica que determina las profundidades de la consciencia colectiva, genéticamente fundadora de sus ulteriores mutaciones. Mutaciones que provocan también las transformaciones de la vida política en la historia.

Al hipostasiar la lógica de la dominación como esencia intemporal de lo político obligamos al hombre primitivo a convertirse en un racionalista ilustrado *avant la lettre*. Olvidamos que su universo no es sólo un mundo de «temor», sino también de «temblor» ante lo numinoso y sagrado. Lo apuntó Girard: «Tendremos que cambiar radicalmente nuestra mentalización de los acontecimientos y dejar de pensar como hombres de la Ilustración». El hombre primitivo tampoco conoció la lógica utilitaria del interés propia de la ciencia económica moderna. Del mismo modo, el prejuicio de nuestra perspectiva moderna nos aleja del orden de prioridades mentales del hombre primitivo en relación con ese espacio del poder, para nosotros tan fácil de identificar y definir, que llamamos «político». Nos cuesta entender que, para el primitivo, el poder no es una instancia preexistente sobre la que interrogarse, sino que se presenta como respuesta a situaciones de las que escapar. «Pero es que el poder instituido no es la pregunta, como creen aquellos a los que fascina, sino una respuesta a preguntas que no se sabe siempre formular. En buena lógica, la pregunta precede a la respuesta». Por esa razón, «la fuerza brutal, la violencia espontánea o calculada existen por todas partes, la coacción también, pero no ofrecen la esencia del poder político o religioso». La importancia de este sencillo postulado no debe ignorarse. La función farmacológica se presenta como clave de bóveda para la superación de las discusiones bizantinas sobre la articulación y prelación entre la política y la religión.

DE LA SOBERANÍA ARCAICA A LA SOBERANÍA MODERNA

La soberanía arcaica se distingue de la moderna por su carácter arqueológico. La soberanía moderna elude la cuestión del origen silenciando el asunto de la violencia, neutralizando su influjo con las armas de la racionalización. Por esta vía, la soberanía moderna se erige en *causa sui*: expulsa el debate sobre el origen y la violencia fuera de su ámbito de discusión. Antiarqueológica, se transforma así en petición de principio.

Las sucesivas desacralizaciones operadas por el proceso secularizador (en realidad una traslación de las categorías religiosas a los conceptos políticos) han dejado una huella que los teóricos políticos sólo son capaces de rastrear con una dificultad creciente. En muchos casos se ha perdido el rastro y, aunque se puede valorar positivamente la purificación del saber político como disciplina autónoma, hay que lamentar también que la ruptura del cordón umbilical que ligaba lo político con lo sagrado haya desposeído a la moderna ciencia política de un patrimonio valioso.

Girard subraya que su teoría sobre el origen sagrado de la realeza no se refiere únicamente a una forma concreta de gobierno, sino al nacimiento del poder político como tal: «Se trata de la monarquía como tal y más generalmente de cualquier soberanía, del poder propiamente político, del hecho que pueda existir algo como la autoridad central, en numerosas sociedades». A partir de esta premisa se puede entender que el tronco principal de la soberanía reside en una filiación fundamental que se mantiene a través de sus sucesivas variaciones históricas. La soberanía, en su esencia originaria, aparece así como una realidad vinculada al rito y al mito. Si bien lo político se emancipa gradualmente de su matriz, conserva un código genético que la monarquía sagrada legará a sus descendientes.

La teoría mimética constituye una aproximación singular a los fundamentos antropológicos y sociales de la soberanía. Como cimienta una teoría abarcadora a partir de una base teórica universal, permite trazar la historia de las metamorfosis de la soberanía desde la violencia que funda lo sagrado hasta su posterior manifestación en el seno de la política moderna tras los diferentes episodios desacralizadores. Por el mismo motivo, sirve de contrapunto al pensamiento político que gira en torno a este concepto axial. La concepción morfogenética girardiana desvela aquello que el contractualismo social moderno oculta. Con un guion paralelo al de la síntesis girardiana, el Leviatán estatal moderno se alza, sin embargo, en virtud de un recurso argumental decisivo y opuesto: la elipsis sobre la cuestión del origen, que se justifica como neutralización y racionalización de la violencia. La noble mentira platónica se transforma aquí en sublimación racionalista sobre el origen y la violencia.

Es fácil advertir a primera vista las similitudes entre el enfoque de Hobbes –la violencia de todos contra todos que culmina en el Leviatán– y el de Girard. No obstante, el tratamiento del mal y de la violencia en el pensamiento político moderno sobre la soberanía que arranca en Bodino y se despliega en autores como Hobbes consiste en una maniobra intelectual de prestidigitación. «Toda la teorización de la soberanía por parte de Bodino –ha escrito Thomas Herns– consiste en retirar fuera de la historia aquello que se convirtió para él y por él en lo esencial de la república». La soberanía, perpetua por definición, se convierte así en lo que no tiene origen o, al menos, aquello cuyo origen no cuenta. A diferencia de Girard, explorador arqueológico de lo político, la soberanía moderna excluye la discusión sobre el origen, y de este modo lo político se desmarca definitivamente de la historia. La hiperlegitimidad de la soberanía estatal moderna parte de un mito racional: el contrato social. Mito intelectual fundacional en cuanto que logra disolver definitivamente la violencia, hasta el punto de que esta última no se concibe ya sino como necesaria premisa. Apartada la discusión sobre el origen y racionalizada la referencia a la violencia, el Estado soberano moderno emerge como mito racionalista que prohíbe toda interrogación sobre los sangrientos orígenes de la humanidad. La violencia y lo sagrado, que constituyen el centro de la hermenéutica girardiana, se convierten para la filosofía política moderna en lo deliberadamente silenciado. Así, el poder soberano resuelve el problema racionalizando mediante el artificio del contrato la cuestión irracional de la violencia. La razón instrumental y calculadora desbanca de este modo a la razón histórica y práctica. Por ese salto gnoseológico irrumpe la neutralidad abstracta del Estado.

El dogma racionalista expulsa violentamente de su teoría a la violencia hacia la penumbra de lo «no dicho» y de lo «impensado». De este modo, el pensamiento moderno construye una nueva noción de soberanía amurallada y enclaustrada en el espacio inexpugnable de la neutralidad estatal. En este giro crucial de la historia del pensamiento político, la soberanía se aparta para siempre de su matriz farmacológica para dirigirse hacia el modo de pensamiento político cratológico, cuya figura central será el Estado. El abandono de la perspectiva arqueológica de lo político propicia esta maniobra deliberada de «oscurecimiento racionalista».

Es un fenómeno paradójico: al velar la cuestión del origen, la violencia y lo sagrado, el pensamiento político moderno se dejó arrastrar por ellos bajo otros ropajes. El racionalismo y el contractualismo social fundamentaron la concepción constructivista de

Hobbes, que se apoyó en la soberanía de corte bodiniano, organizando la nueva concepción de la política y lo político en torno a este concepto, en verdad revolucionario. La secularización que resultó de la ruptura protestante se tradujo en una intensa politización que expresó un vector antiguo-moderno. Como observaba Gierke, ese núcleo antiguo-moderno, que extraía una interpretación actualizada de la recepción de la cultura clásica y el derecho romano, creció de manera imparable: absorbió todos los componentes vitales de la envoltura medieval en la que se había expresado en un primer momento, hasta que la hizo estallar finalmente. En efecto, la doctrina medieval primitiva debilitó la idea de comunidad política tomada de la Antigüedad; incluso llegó a ser casi ahogada con la idea de *imperium*. La mentalidad medieval de una comunidad humana universal, armoniosamente estructurada con un molde social de tipo federal, bloqueó la liberación del viejo *logos* sagrado y pagano, que sin embargo se conservó en estado siempre latente y oculto. Finalmente, aquello que Girard bautizó como *logos* de Heráclito reapareció con las guerras civiles europeas en nombre de la religión. Todas las viejas disputas escolásticas y medievales, eclesiásticas y seculares, pasaron a mejor vida y las nuevas doctrinas políticas fluían en una sola dirección. Con la Paz de Westfalia se cerró definitivamente un ciclo histórico-político y se selló el comienzo de otro: el del *ius publicum europaeum*. Se terminó por encerrar la fe cristiana en el terreno de la política con el principio *cuis regio eius religio* e imponer la soberanía del Estado, entendido como grupo exclusivo celoso de cualquier tipo de rivalidad en forma de vestigio orgánico o corporativo. Se dejó sentir un cierto regreso al origen precristiano de la violencia y lo sagrado, que presuntamente el logos evangélico había sepultado para siempre. No fue así. Buena prueba de ello es que reapareció una nueva forma de sacralidad del poder estatal manifestada precisamente a través de una soberanía que, si bien se declaraba neutral, no dudó en servirse de principios como el derecho divino de los reyes para ajustar cuentas con un pasado cristiano milenario. Un pasado caracterizado por la desacralización del poder político y cuyo último producto histórico fue la laicidad renacentista. Así quedaron, frente a frente, el orden medieval ordenalista con el derecho de resistencia del pueblo, por un lado, y una nueva modalidad de monarquía sagrada en la que latían los ecos de la violencia y lo sagrado del mundo arcaico, por el otro. No hace falta añadir que las fuerzas del orden cristiano sucumbieron al nuevo orden. Los nuevos derechos de soberanía, convalidados teológicamente por el argumentario luterano, fortalecieron un poder político que simplemente cambiaría de titular con la caída, por lo general sangrienta (otro eco del rey sagrado como trasunto de la víctima propiciatoria), de los reyes absolutos. El pueblo, o más bien la ficción ideológica de la voluntad general, asumió la sacralidad del poder con los mismos esquemas contractualistas, racionalistas, constructivistas. Así, el concepto moderno de soberanía salió ampliamente reforzado, a pesar de las convulsiones históricas. Continuaba la historia natural del crecimiento del poder, que Bertrand de Jouvenel vinculó desde un comienzo con sus orígenes mágico-sagrados. Quedaba así finalmente la soberanía bodiniana depurada de todo rastro medieval, esto es, ampliamente «liberada» del *logos* evangélico, que hasta entonces había reprimido sus potencialidades resacralizadoras. Sólo hubo que esperar dos siglos y medio para orientarla hacia el espacio de las nuevas religiones políticas, que empezaron a mostrarse en todo su esplendor a partir de la Revolución francesa.

La paradoja del mundo político moderno es que, encerrando la trascendencia religiosa del rito y el mito ancestrales en el campo del poder soberano, sólo neutraliza provisionalmente su influencia. La nueva potencia estatal es así la manifestación estática, congelada si se quiere, de la sacralidad del poder. Sin embargo, antes de llegar hasta ese punto de desenmascaramiento y revelación históricos, la soberanía había ido adquiriendo con el paso de los siglos algunos de los perfiles que terminaron por definirla. A grandes rasgos, la fórmula de Michael Oakeshott resume esa transformación: la tradición de la naturaleza y la razón fue sustituida por la de la voluntad y el artificio.

En este sentido, para comprender la diversidad de significados que puede adoptar la noción de soberanía es esencial fijarse en los periodos anteriores a su conceptualización bodiniana. El sentido de abordar la noción de soberanía antes de la obra de Bodino no es establecer una filiación necesaria entre la primera y la segunda, sino comprender lo que las separa, en ocasiones radicalmente, y clarificar las diferentes virtualidades de esta noción, muchas de las cuales han sido olvidadas desde la obra del legista francés. Compartimos la opinión de Thomas Berns de que los *Seis libros de la república* marcan «el encuentro contingente entre derecho y soberanía». Efectivamente, existe una auténtica «estrategia bodiniana para propiciar el encuentro total del derecho y la teorización de la soberanía», el cual permite afirmar, a su vez, que la soberanía está a la vez estructurada y limitada por el derecho. Mas ¿significa esto que la soberanía sólo surge de este encuentro? La respuesta afirmativa a esta pregunta es la más compartida. A menudo toma como punto de partida una determinada historia de las ideas. La historia de la idea de soberanía adopta así la forma de una narración continua que comienza con las obras de Maquiavelo, Bodino y Hobbes y continúa a lo largo de los siglos hasta nuestros días. Este enfoque no carece de consecuencias. Así, algunos autores alimentan la idea de que la soberanía, como realidad histórica provocada por el auge de la interdependencia y la globalización, ha muerto y de que, por tanto, ya no puede utilizarse para comprender las relaciones internacionales. La soberanía y el Estado, la soberanía y la «modernidad» política están así tan indisolublemente unidas en su auge y en sus desafíos que no existen otras soberanías alternativas. Esta narrativa resulta de una elección excesivamente historicista. Al cerrarse a las virtualidades de una ontología de lo político, troca toda soberanía en una producción exclusivamente contemporánea al Estado moderno.

Caben alternativas interpretativas que abran la noción de soberanía a otros horizontes de sentido, e iluminen una plurivocidad que el apego exclusivo al siglo XVI amputa y acaba por empobrecer. Así podemos considerar la realidad histórica de la soberanía, como práctica y como idea, distinguiéndola de su concepto canónico posterior, el que debuta con Bodino y se prolonga con otras valencias a lo largo de la modernidad política. Pero esta aproximación pluralista entraña tres dificultades principales. La primera es la de la imprecisión debida a la labilidad de la noción de soberanía, que teóricos como Bodino y Hobbes estabilizarían más tarde mediante el recurso racionalista de la conceptualización, fijando un sentido y un uso predominantes. La segunda es la del anacronismo, cuando la idea parece manifestarse antes que la palabra o la realidad histórica antes que su conceptualización. La tercera es la de la confusión, cuando algún significado de soberanía puede encontrarse en palabras competidoras. Por ese motivo, en este capítulo preferiremos utilizar los términos de noción o idea de soberanía en lugar de concepto, reservando este último para la formulación estrictamente moderna de Bodino (y luego Hobbes o Rousseau) a partir de finales del siglo XVI. En efecto, la conceptualización ya supone el modo moderno de aproximación a lo política, la *forma mentis* de un nuevo estilo de pensamiento que se asocia al racionalismo cratológico característico del Estado. Conviene, pues, distinguir.

Un gran historiador de los conceptos políticos como fue Reinhart Koselleck señaló que una palabra se convierte en concepto cuando toda la riqueza de un contexto político-social de significados y experiencias, en el cual y para el cual se usa un término concreto, entra, en su conjunto, en esa misma y única palabra. Pero, además de experiencias y significados, los conceptos políticos fundamentales son concentrados de expectativas y anhelos que han cristalizado en la historia en ciertas palabras emblemáticas. Estas «palabras ómnibus» vehiculan un haz de sentidos compartidos, aunque también divergentes o incluso contradictorios. La palabra se convierte en concepto si en el transcurso de su metamorfosis semántica demuestra su capacidad para agrupar experiencias próximas, aunque no idénticas. Un aforismo nietzscheano recoge una idea cercana: «Todo concepto se forma igualando lo no-igual». Rafael Sánchez Ferlosio propuso una metáfora poderosa: las palabras son llaves; los conceptos, ganzúas. Quiere esto decir que, mientras que una palabra sirve en un determinado contexto para abrir una única puerta, el concepto nos permite abrir muchas. No hay que desdeñar, en este sentido, la advertencia de Ortega: «Al hablar, al pensar, nos proponemos aclarar las cosas y esto nos obliga a exacerbarlas, dislocarlas, esquematizarlas. Todo concepto es ya una exageración».

Estas dificultades también revelan algo esencial de lo que representa la soberanía: una noción polisémica y controvertida al dirimirse en torno a ella una cuestión política. En los conceptos políticos, y especialmente en el de soberanía, sucede que se agrupan significados polémicos y controvertidos con sentidos a veces antagónicos. Un gran creador de metáforas como fue Wittgenstein afirmó en cierta ocasión que el mejor momento para entender los conceptos no es cuando están ociosos o de vacaciones, sino que es recomendable sorprenderlos cuando están trabajando. En nuestro caso, eso implica regresar al contexto histórico de disputa sobre la soberanía. Parafraseando a Schmitt, podríamos afirmar: es soberana la interpretación de la soberanía que se decide en los estados históricos de excepción.

No obstante, los conceptos políticos, además de armas de combate, pueden ser cárceles mentales para fijar los límites de nuestro mundo. La conceptualización que tuvo lugar en el siglo XVI no fue más que un momento, aunque importante, de la historia de la soberanía que la había precedido. No conviene dejarse encerrar en esa prisión. Como observó Clifford Geertz citando a Weber, el hombre puede ser un animal suspendido de las redes de significado que él mismo ha tejido. En este sentido, una de las ventajas de la historia conceptual consiste, como escribió Odo Marquard, en liberar a los conceptos de la mazmorra de su definición.

El trabajo moderno de conceptualización cristalizó el significado del término «soberanía». Se tradujo en una serie de «atribuciones» sucesivas hasta entonces dispersas. A partir del siglo XVI, y especialmente en Francia, la soberanía será única, indivisible y detentada por el Estado. La progresión semántica del término es inversa a la de su complejidad originaria: avanza por reducción monopolística.

Una visión específicamente política de la realidad debe preocuparse por integrar dialécticamente el pasado, el presente y el futuro. Aunque la política, como actividad humana, se centra en el presente, la mirada política del mundo reúne las creencias y mentalidades que los hombres heredan de sus antepasados y las proyecta en dirección a los proyectos con los que, como animales futurizos, fantasean. En esa intersección entre los tiempos, las ideas políticas despliegan un horizonte casi infinito de posibilidades. Contienen así un universo de modalidades que encierran no sólo lo que viene, sino lo que está por venir.

Con el avance de la modernidad, el equilibrio inestable entre las tres caras del tiempo se desniveló claramente a favor del futuro, que aparecerá cada vez más como moldeable por la acción humana. El fenómeno puede observarse a muchos niveles con la proliferación del culto al progreso, el esplendor de los utopismos y la caracterización de la política como una esfera de pensamiento y acción especializada en la planificación del porvenir. Resulta tentador, aunque también cronocéntrico, imaginar que el horizonte de expectativas que define la visión específicamente moderna sea un tipo de mentalidad universalmente compartido por la humanidad. Este enfoque arrastra serios riesgos a la hora de reconstruir la historia política y, en particular, la historia de los conceptos políticos. No debemos olvidar que la construcción de los conceptos políticos en la historia no respondió originariamente a un programa de estudios minuciosa y retrospectivamente diseñado para ofrecer una imagen coherente, y en algunos casos lineal, de nuestro pasado en su camino decidido a nuestro presente. Por el contrario, para la comprensión desde dentro de los asuntos de la política, liberada de las ataduras de este tipo de deformaciones, la idea de crisis suele jugar un papel mucho más determinante. Porque muchas de las grandes teorías políticas del pasado surgieron más como respuesta a una crisis en el mundo que como respuesta a una crisis de sentido o coherencia en las teorías de los teóricos encerrados en sus torres de marfil. Esto es lo que distingue una historia *politicocéntrica* de las ideas políticas de una historia meramente intelectual de esas mismas ideas. En el caso de algunas ideas políticas esta realidad se vuelve, si cabe, más aguda. Cuando dejan de resultar ajenas al poder y, por el contrario, se vuelven en sí mismas o bien límites o bien talismanes legitimadores para él, dejan por la misma razón de ser neutras y se vuelven piezas en un doble tablero: el de las luchas intelectuales, por un lado, y el de las luchas por el poder, por otro. Nada de lo que acontece en uno de esos tableros es indiferente en el otro. Por eso, por mucho que dialoguen con la realidad de cada época, los teóricos políticos no sólo intentan construir teorías que cuadren con los hechos como mano en guante. En vez de ello, algunas teorías políticas fueron cultivadas con la esperanza de ofrecer representaciones simbólicas de lo que sería el mundo si pudiera reordenarse. La idea moderna de soberanía política encaja perfectamente en el marco de estas consideraciones.

El alumbramiento histórico de la idea de soberanía no resulta sólo de un mundo ya preparado para alumbrar un poder político que registra las notas de lo que hoy se consideraría un poder soberano. Es también la cristalización de un proyecto para conjurar los riesgos y amenazas de un mundo político en crisis. Además, cómo negarlo, es la voz de un poder que lucha por afirmarse contra aquellos que pretenden impedir su despliegue en nombre de viejas creencias o antiguas costumbres. Todo ello, incluyendo la tensión con estas creencias y costumbres, pugna en el vientre en que se gestan nuevas representaciones políticas como la de la soberanía. En ella hay mucho de ruptura, pero también de continuidad. Este equilibrio inestable entre el pasado que se resiste a morir y el futuro que no termina de nacer condiciona el sentido y el alcance de las nuevas ideas políticas.

Son muchos los factores que influyen en el surgimiento de la idea política de soberanía. Aunque los analizaremos a continuación, no se debe olvidar que la soberanía política moderna no deja de ser una solución novedosa a un problema político casi intemporal: el de los límites del mando y la obediencia entre gobernantes y gobernados en el marco de un pluriverso de actores políticos interiores y exteriores. Esta esencia de lo político no admite modulación histórica; resiste a los pliegues forzados por contextos y situaciones.

En Europa, la idea y la realidad histórica del Estado han dominado la modernidad política. Los problemas de la soberanía política moderna son propios de esa civilización (la europea) y de esa época (la moderna y contemporánea). Los historiadores coinciden en que el fenómeno de la soberanía deriva de las crisis que sacudieron el final de la Edad Media. Lejos de ser ese periodo oscuro que ciertas vulgatas progresistas sugieren, los tiempos medievales fueron también, incontestablemente, los tiempos de la formación de las principales categorías de nuestro repertorio político en el ámbito intelectual. Este fue, sin duda, el caso del concepto de soberanía. Los filósofos de la Ilustración dispusieron de un terreno prácticamente desbrozado y de una herencia considerable, desde la creación de un espacio político que aspiraba a la autonomía laica frente a las viejas tutelas hasta la configuración mental de una concepción individualista de las relaciones sociales, pasando por los cimientos bastante sólidos de una teoría del Estado.

Ciertamente, el universo estrictamente medieval no es el único responsable del espacio de experiencia social y humano que se respiraba justo antes del nacimiento propiamente dicho de la soberanía moderna. La *polis* griega ya presentaba rasgos absolutamente nuevos en relación con las unidades políticas del antiguo Oriente Próximo. Las grandes precondiciones de posibilidad abiertas por el mundo griego fueron estudiadas por el historiador y antropólogo Jean-Pierre Vernant. Resulta esencial rescatarlas para esbozar la atmósfera mental y el humus cultural en el que nació la soberanía como concepto político moderno.

La primera de ellas guarda relación directa con la soberanía, pues para que la soberanía moderna pudiera nacer la soberanía arcaica debía morir. Aunque la soberanía moderna recuerda a su manera a esta arcaica soberanía (mantiene con ella una relación especular), no puede de ningún modo ser asemejada a esta. Vernant define el primero de esos rasgos de la ciudad griega como la «crisis de la soberanía». Con ello, el historiador francés se refería a la desaparición de las monarquías sagradas que se produce con la salida de los siglos oscuros (XII a VIII a.C.). En efecto, en la cima de la corte y el palacio micénicos se encontraba el rey sagrado, que llevaba el título de wa-na-ka, *ánax*. Como ya vimos, su autoridad se ejercía en todos los niveles; fundía en su persona la vida ritual y religiosa, así como la militar y política. Es el centro de una vida organizada en torno al sacrificio. Pero la invasión dórica destruyó este conjunto y cortó los vínculos de Grecia con Oriente. Al venirse abajo el imperio micénico, el sistema palatino se derrumbó para siempre. Webster habla, a este respecto, de una verdadera revolución en las mentalidades, en virtud de la cual los griegos toman conciencia ya de un pasado escindido del presente. El mundo de los muertos se separa del de los vivos y una distancia infranqueable se abre entre los hombres y los dioses. Este nuevo mundo de la divinidad anticipa en cierta medida la trascendencia del Dios cristiano. Por esa misma razón, la divinidad encarnada en el rey se evapora. El término *ánax*, que personificaba la monarquía sagrada, desaparece del ámbito político. O, mejor dicho, el espacio político se emancipa de la tutela religiosa para designar específicamente la función del mando. Así nace el *Basileus*.

¿Quiere esto decir que no queda ninguna continuidad entre el mundo micénico, que consagraba la soberanía divina del rey, y el mundo homérico, que tiende a descartar el misterio? Si bien algunos estudiosos lo han pretendido así, las verdaderas rupturas en los esquemas de pensamiento siempre se dan en los tiempos largos, que exigen formas provisionales de transición y equilibrio para asentarse. Precisamente este periodo de turbulencias propicia especulaciones específicamente políticas en las que brota una primera versión de sabiduría terrenal y temporal. Historia que, llena de altibajos, se concreta en la desviación de la soberanía micénica hacia otros horizontes. Así, los problemas relativos al poder y la autoridad se plantean en términos nuevos. Como dice Vernant, «el rey no sólo ha cambiado de nombre; ha cambiado también de naturaleza». A partir de entonces, este nuevo rey, que antes ejercía unos poderes rituales que se confundían con su sagrada autoridad, es progresivamente sustituido por una pluralidad de magistrados. Aristóteles traza las etapas de esta transformación provocada por el «estallido de la soberanía» en su análisis de la constitución de Atenas, único lugar en Grecia en que se preserva la herencia micénica. Un polemarco es encargado del Ejército y la función militar es arrancada a la ya declinante soberanía del *Basileus*. Después se instituye el arcontado. El *arkhé* del mando se separa, por tanto, de la *basileia* (la realeza), que es relegada a su declinante función religiosa. Su cargo se limitará desde entonces al ejercicio de ciertos procedimientos sacerdotales. La vieja imagen de la soberanía divina, que concentra todos los poderes, es sustituida por un esquema comunitario en el que destacan una pluralidad de funciones sociales especializadas.

La elección se convierte en un procedimiento frecuente, algo que muestra que el *arkhé* ya es dirimido por una decisión humana. Decisión, y esto es lo fundamental, que supone confrontación y disputa. La *basileia* queda relegada a un papel meramente religioso y la religión, enclaustrada en un rol cada vez más dependiente. La muerte de la soberanía primitiva o arcaica supone que ya no exista un único soberano, personaje semidivino que se sitúa «fuera y por encima» de los diversos estratos que componen la comunidad, como se muestra en las leyendas escitas que relata Heródoto. El monarca sagrado concentraba las tres clases de objetos de oro que simbolizan las tres categorías sociales (sacerdotes, guerreros, agricultores) planteadas por Georges Dumézil en su teoría de la trifuncionalidad y presentes en otras mitologías y también, posteriormente, en las historias fundadoras de Roma o en el sistema de castas de la India, confirmando su matriz universal. En cualquier caso, esta voluntad de situarse «fuera y por encima», esta exterioridad, será también un rasgo propio de una soberanía moderna que, muchos siglos después, se emparentará con su más remoto antepasado. Maritain destacaría la importancia de este poder monádico y trascendente que existe por encima del cuerpo político y separado de él, un poder *surplombant* que define la soberanía moderna, no por casualidad llamada a legitimarse mediante el recurso arcaizante del derecho divino de los reyes. Por decirlo al modo de Ortega, la visión arcaica del orden cósmico y social le asigna al poder la función de un aparato ortopédico de origen mágico y numinoso.

El alumbramiento griego de lo político, por el contrario, fija al poder en su condición de mera piel de todo lo demás, la epidermis de un cuerpo social que aparece ya compuesto por un conjunto heterogéneo de elementos separados y unidos por la ciudad. Esta pluralidad en la unidad será, de hecho, uno de los lugares de las primeras especulaciones políticas y también metafísicas, el preludio de la hermandad secreta entre política y filosofía. En este nuevo contexto, el *arkhé* ya no será, nos recuerda Vernant, propiedad de nadie: brota como un asunto de todos y se encuentra en un espacio público conquistado y descubierto por la razón en su lucha contra las fuerzas de la magia, el mito y la superstición. Esta división de la soberanía suele representarse mediante la metáfora de una crisis de sucesión. Piénsese en los hijos de Pandión, que se reparten la herencia paterna y recuerdan a Caín –fundador de la primera ciudad– y Abel o a Rómulo y Remo. Todos ellos paradigmas de una nueva visión, propiamente política, que exalta el necesario reparto del poder, que ya no volverá a concentrarse en un único soberano. Estos nuevos mitos centrados en un conflicto fraterno consagran la visión que las primeras teorías políticas expondrán después de forma sistemática: un cuerpo social formado por un conjunto de elementos heterogéneos en tensión permanente, pero también llamados a unirse. Este equilibrio entre división y unión marcará la identidad definitoria de la mirada política. El orden político no nace de la voluntad soberana de un poder sobrehumano, sino del conflicto entre grupos rivales y funciones opuestas. Es el germen de la tradición occidental del gobierno limitado y el equilibrio de poderes. Es la fórmula de los órficos: ¿cómo en el plano social puede brotar lo uno de lo múltiple y viceversa? Poder de conflicto, poder de unión, *eris philía*: cuestión central en la que se funden la mirada política y la filosófica, inextricablemente unidas a partir de esta común experiencia del estallido de la soberanía sagrada. Desde ese momento fundacional de la crisis de la soberanía arcaica, se exaltan los valores de lucha, concurrencia y rivalidad (el espíritu de *agón*) y se los asocia al sentimiento de pertenencia a una misma comunidad y a la exigencia de unidad. La política surge así sobre la base agónica de un combate codificado y reglamentado. El enfrentamiento de palabras y discursos representa, pero también sustituye, la violencia fundadora entre hermanos. Hermanos, porque la rivalidad genuina sólo puede producirse entre iguales. El espíritu igualitario es solidario de la concepción agonística de la vida social. Y de esa base nace lo político, que aparece desde entonces como el asunto de todos, lo común o lo público. Los antiguos privilegios secretos y ocultos de la soberanía divina del rey sagrado se ubican en el centro, a la vista de todos. Incluso se recurre a una nueva imagen espacial para expresar esta nueva conciencia social que define la unidad política. Un espacio social enteramente nuevo aparece en el ágora, espacio común en el que se debaten los problemas de la *polis*. Acontecimiento decisivo que descubre un nuevo horizonte espiritual, en palabras de Vernant.

La aparición del espacio público es así el segundo de los rasgos de la ciudad griega expuestos por el historiador francés. Es una mutación fundamental que no se limita únicamente a la vida política, puesto que incluye todos los saberes y todas las artes. Ahora todos deben rendir cuentas ante el tribunal del *logos*, al igual que las magistraturas políticas recién nacidas. Nacen así las discusiones, las interpretaciones y las controversias. Estos conflictos, y por encima de todos los políticos, constituirán un factor esencial en la promoción de la razón y de la palabra, el tercer elemento destacado por Vernant. Resultan indispensables para la persuasión que pretende lograrse con el arte del debate contradictorio y argumentativo. Todas estas artes suponen un público al que dirigirse y que constituye la base de la comunidad política así surgida. Así nacen las leyes escritas y otras publicaciones propias de la recién estrenada vida pública de las ciudades griegas.

Los miembros de la nueva sociedad cívica creada con la apertura del espacio público van a percibirse como iguales en su condición de ciudadanos. Más allá de su función concreta en la vida social, estos ciudadanos se conciben como unidades intercambiables en un plano político en el que la igualdad ante la ley marca la pauta general. En la guerra esta exigencia del espíritu de comunidad se encarna en el hoplita, que juega en las falanges el mismo papel que el ciudadano en la ciudad. Los griegos crean así un nuevo tipo de hombre incapaz de soportar la desigualdad, algo que se expresa en conceptos como *isocratia* e *isonomia*. Aristóteles afirmará que la política consiste precisamente en encontrar una forma de orden –y, por tanto, de diferenciación– en un mundo compuesto por iguales. Es la cuadratura de un círculo que desarrollaron las constituciones griegas cuando inventaron los distintos procedimientos de la vida cívica: los sorteos para los cargos públicos, las elecciones y la sucesión regular en las magistraturas. Procedimientos diseñados para garantizar la alternancia ciudadana en el ejercicio del mando y la obediencia, que constituye uno de los presupuestos de la esencia de lo político. La solución ontológicamente jerárquica (realeza, casta u orden cerrado) será definitivamente proscrita como equivalente a la barbarie y contraria a la humanidad.

El nacimiento de la ciudad se acompaña también de una completa metamorfosis de la vida religiosa. Los objetos sagrados emigrarán de los palacios de los sacerdotes hacia el templo, otro espacio abierto y público. Los ídolos pierden progresivamente su rostro mágico para convertirse en imágenes y enseñanzas sobre los dioses. Los ritos pierden su eficacia y misterio para transformarse primero en mitos, relatos, y luego alcanzar la condición de verdades sobre las que se comienza a debatir. Se deja de creer, en otras palabras, en la causalidad mágica. Sólo se cree en aquello de lo que pueda darse razón y es en el espacio público donde se discute, sin excepción, lo que antes estaba vedado a la luz del escrutinio crítico. Así el culto pasa a depender de la ciudad y la religión de la política, exactamente al contrario de lo que sucedía en las sociedades arcaicas con sus realezas sagradas. Y, aunque seguirán existiendo ritos públicos, sacrificios o juramentos mezclados con extrañas artes adivinatorias, lo cierto es que la supervivencia de estos ritos permanece como cáscara de una vida pretérita que ha perdido su alma, como mero expediente formal para una vida pública que, en sustancia, ha dejado de necesitarlos porque ha dejado de creer en ellos.

Esta neutralización de la energía social de los viejos ritos prefigura un desarrollo de formas religiosas privadas, alejadas del marco cívico. Proliferan sectas y cultos para responder al misterio y a la sed de absoluto y salvación que la promoción de la racionalidad ha arrinconado. Así nace una esfera religiosa al margen de la vida pública. Religión y política tienden a una progresiva autonomía. La política se libera de la tutela ritual y sagrada. Es una conquista en absoluto menor y sólo comparable a la posición que también gana la religión, que, como ya no es el único garante del orden social, puede entregarse a formas de especulación y de búsqueda espiritual más puras y auténticas. Así, con la invención de la ciudad, los griegos habrían inventado también la religión, al menos en el sentido en que nosotros, occidentales (cristianos, agnósticos o ateos), la entendemos.

La teoría de la violencia y lo sagrado de René Girard coincide con los análisis de Vernant. Las sociedades arcaicas son «sociedades sin historia» sumergidas en el pensamiento mágico-religioso. En ellas no puede haber política *sensu stricto*: mientras lo político permanece prisionero de los mecanismos mentales del rito y el mito, sólo vive en estado embrionario y latente. Como afirma Dalmacio Negro, lo político salió del seno de lo sagrado y la crisis de la soberanía arcaica marca el ritmo de este lento y doloroso parto. El orden ritual es un orden global, cósmico y social al mismo tiempo. En esa atmósfera es imposible que nazca la libre interrogación sobre la sociedad que distingue a toda forma de pensamiento político. El hundimiento de la soberanía arcaica que trae consigo el desarrollo de la racionalidad provoca la ruptura del orden sagrado. Nace así la conciencia de la oposición entre *physis* y *nomos* o, por decirlo en términos más actuales, entre naturaleza y cultura. Esta distinción favorece la emergencia del pensamiento crítico, que asume que una buena parte de la estructura de las sociedades humanas responde a una construcción que no viene impuesta ni por la naturaleza ni por el criterio caprichoso de los dioses. Antes al contrario, son la razón y la acción humanas las encargadas de moldear el mundo social en el que vive y alcanza su propia perfección el ciudadano, un verdadero hombre nuevo.

El corolario de esta nueva mentalidad no es baladí. Como se asume que la discusión crítica favorece la mejora de la vida en común, se amortigua la enemistad política dentro de las fronteras de la ciudad. Se organiza y fomenta el debate; la división de opiniones y votos no se percibe como amenaza para un orden que hace del pluralismo político una clave esencial para fomentar el bien común. El orden Uno, concebido como unanimidad y consenso absoluto a partir de la veneración a la voluntad del rey sagrado, ha fenecido. La soberanía arcaica ha muerto y los cimientos intelectuales y culturales de una soberanía política han sido edificados. De hecho, es lo político como tal lo que nace como producto de esta lenta, pero implacable, revolución de las mentalidades. Si entendemos la ciencia política como construcción objetiva, racional y universal, su nacimiento en Grecia queda fuera de toda duda.

Aunque el fin de la soberanía arcaica y la conquista del espacio político, con los rasgos del milagro griego antes referidos, es una condición necesaria para el surgimiento de la soberanía moderna, no es, sin embargo, una condición suficiente. No se podría insistir lo suficiente en el papel indispensable desempeñado por el cristianismo (y, en particular, el catolicismo romano) en la invención de la teoría política moderna. Hacerlo precisamente en el contexto de nuestra anterior reflexión resultará especialmente pertinente. En efecto, si el milagro griego provocó esa progresiva tendencia de separación entre lo religioso y lo político, el cristianismo desdivinizó el mundo y desacralizó la política. El Reino de Dios no era ya de este mundo ni las cosas del césar eran las cosas de Dios. Siglos después, este movimiento genuinamente cristiano se radicalizó de forma sostenida gracias, en buena medida, a la acción y el pensamiento de los Papas de la época bajomedieval. Se edificó así un espacio específico y autónomo que no se dejó de proteger e institucionalizar. No se podría encontrar equivalente de este proceso en otras religiones. La revolución moral del sermón de la Montaña; la disimetría ética (lógica de la abundancia), que impone la nueva visión de la misericordia frente a la simetría de la justicia natural (lógica de la equivalencia) propias de la filosofía griega y el derecho romano; y la escatología paradójica de un Reino de Dios que espera la conversión del corazón (de cada corazón individual) en tensión vertical hacia los últimos tiempos y no una transformación inmediatamente exterior (social o política, horizontal) del mundo alterarán significativamente la relación de los hombres con la ciudad inventada por los griegos y heredada por los romanos: la vía propiamente europea de la política. La fusión de la herencia grecorromana mediante la síntesis propuesta por la nueva fe. Aunque este camino, ciertamente, había sido ya preparado por el universalismo de la filosofía y la ambición política imperial romana, la doctrina cristiana modificará sustancialmente el lugar del poder político de acuerdo con las exigencias de su revolucionaria cosmovisión. Al separar lo debido al césar de lo debido a Dios, Jesús no condena al poder político; reconoce su esfera de legitimidad aunque la limite sustancialmente. De las luchas por las interpretaciones de esta novedosa dualidad beberá buena parte de la historia europea en adelante: desde la doctrina de san Agustín sobre la ciudad de Dios hasta las religiones políticas modernas, se vive una larga querella de las investiduras que parece no terminar nunca. Evidentemente, nada de este contexto, que es espiritual además de histórico y político, será ajeno a la transfiguración del concepto de soberanía, desde sus raíces arcaicas hasta su formulación moderna.

En todo caso, no se percibe en la doctrina cristiana la hostilidad contra el poder temporal que sí podía encontrarse en determinados pasajes del Antiguo Testamento. Tampoco un desdén por el papel que le corresponde ejercer de cara al mantenimiento del orden público. Quedan, por lo demás, pocos restos del sueño de una comunidad purificada de instituciones políticas o mediaciones sociales. Estos sueños se apartan del mundo para ubicarse en ese Reino de Dios que, aunque incoado en este mundo, sólo hallará plenitud en el otro. Al césar le corresponden, en este reparto de tareas que se deriva de la doctrina cristiana, los asuntos político-temporales y a la Iglesia, la salvación de las almas. Algunos autores han creído ver en esta doctrina una familiaridad, primero biográfica y después teórica, con la Pax Romana. En efecto, Jesús conoció los principios fundamentales del orden político-jurídico romano y apreció favorablemente la relativa neutralidad en materia religiosa como condición para la difusión de la Buena Nueva. De este modo, la doctrina de Jesús sobre Dios y el césar sólo podría ser enunciada en el momento preciso de la historia en el que el modelo de la ciudad griega había alcanzado difusión por el mundo conocido. Habría sido difícil imaginar este mismo discurso en el Egipto de los faraones o en cualquier otra monarquía sagrada de la Antigüedad. Tanto Jesús como sus discípulos son los primeros protagonistas de la Biblia que no sólo actúan (esto ya se podía afirmar de otros), sino que razonan en términos políticos. La filosofía griega y el orden político romano son como el otro Antiguo Testamento de los discípulos de Cristo. El cristianismo se desarrolló en el contexto de comunidades políticas protolaicas, algo que no se puede afirmar, por ejemplo, del islam. Sin este factor esencial, no se habría podido desplegar la preocupación por la vida espiritual en términos independientes del control político. El milagro griego y el milagro de Jerusalén se encontraron en la historia para producir la única civilización verdaderamente universal. Este encuentro fue una feliz coincidencia histórica o, quizás, otro milagro.

Así pues, aunque debe recordarse que en la predicación de Jesús se sostiene el principio bíblico de un juicio religioso y moral (en ocasiones muy severo) sobre el poder temporal, la autonomía que se le reconoce a este en su propio orden (el orden político) prolongó la herencia griega y, en cierta manera, la reforzó denunciando como injerencia inasumible el control político del culto religioso. De aquí en adelante, el poder político debía centrarse única y exclusivamente en su propio terreno, un terreno que no se despreciaba, pues garantizaba la difusión del Evangelio y retrasaba la llegada del Impío (es el espíritu de la misteriosa doctrina sobre el *Katechon*, que podemos encontrar en san Pablo). Además, el sentido de esta doctrina se garantizó históricamente tras la conversión de Constantino y la asunción de la fe cristiana por parte del Imperio romano. La doctrina cristiana de la dualidad se convirtió en algo vivo y dinámico, sujeto también a los equilibrios temporales y los intereses respectivos del poder y la Iglesia, y según no pocos historiadores, en el secreto del dinamismo de los pueblos occidentales. La historia de los choques y rencillas entre los asuntos de los nuevos césares cristianos y los ocupantes de la silla de Pedro es también un capítulo fundamental en la prehistoria de la soberanía moderna.

La revolución moral del cristianismo afectó decisivamente a la configuración de las relaciones políticas. No porque engendrara una forma de poder desconocida hasta entonces, sino porque revolucionó la cosmovisión general del hombre, el tiempo y el mundo, así como modificó el horizonte de autoridad y legitimidad de los poderes terrestres. Todo sistema de gobierno se basa en algún procedimiento de legitimación del gobernante y en los derechos y obligaciones que este asume en relación con la comunidad gobernada. Estos genios invisibles gobiernan secretamente la ciudad. La historia de la soberanía es un episodio fundamental de la transformación de las viejas formas de legitimación y responsabilidad. La soberanía política moderna apareció en un momento de crisis en el que las relaciones entre la comunidad política y el gobierno se volvieron insostenibles o anticuadas las justificaciones para mantenerlas. Aunque surgió en un estadio relativamente reciente de la historia, representó en realidad una nueva solución a un problema muy antiguo. Podemos calificar ese problema como específicamente político en la medida en que afectaba principalmente al modelo de mando y obediencia hacia el interior, alteraba el equilibrio entre el ámbito público y el privado e incidía también, aunque en menor medida, en las relaciones exteriores con otras unidades políticas. Cubría, así pues, todo el conjunto de los asuntos que acostumbramos a definir como políticos. Si bien la soberanía fue un nuevo estilo histórico de pensamiento político sobre el poder, se apoyó en esquemas anteriores, en conceptos largamente asentados y en creencias difíciles de abrogar por el paso de los siglos. Buena parte de esos esquemas y conceptos obedecían a la cosmovisión cristiana sobre la dualidad entre Dios y el césar y respondían a las interpretaciones (y al conflicto entre las interpretaciones) de dicha formulación. Por eso, la historia de la soberanía moderna es también la historia de las ideas que condujeron a su alumbramiento. Pero no sólo.

La idea de soberanía se corresponde cronológicamente con un estado histórico en la forma del poder político. La soberanía no engendró tal forma de poder por su propia iniciativa. En buena medida, se limitó a constatar y justificar doctrinalmente un modelo de poder ya existente y operativo en las sociedades europeas entre la Baja Edad Media y la Edad Moderna. De hecho, este nuevo modelo de poder imprime su sello al giro histórico, al tiempo que se retroalimenta con él. Aunque todavía queden voces que afirmen que el Estado es sólo un concepto, una ficción filosófica o una abstracción especulativa que apenas existe en la mente de quienes lo utilizan, es preciso recordar que, por muy inadecuados o confusos que puedan resultar los conceptos políticos (y lo son quizá con mayor frecuencia que en otros ámbitos del saber), pretenden responder a realidades que existen en sí mismas en el mundo de los fenómenos históricos y que no dejan de existir porque no existan esos conceptos o resulten inapropiados. El Estado es una de esas realidades. No todas las sociedades han desarrollado un Estado y la existencia de esta forma política no resulta en absoluto indiferente. No sólo es un producto largamente incubado de una forma de pensamiento, sino que determina asimismo las formas de pensamiento que rigen en las sociedades en que se desarrolló. Esto explica que, salvo por lo relativo a la exportación universal de ideas europeas (eso que Díez del Corral bautizó como el rapto de Europa), la soberanía no figure en la historia de las ideas de los pueblos no europeos. Al igual que la ciudad griega, la república o el Imperio romano, el Estado europeo es una de las formas características de nuestro modo político de ser. Ese Estado y ese modo de ser moldeó decisivamente el nuevo concepto de soberanía.

El Estado difiere de otras formas políticas en el modo de resolver el problema del orden, que es común a otros periodos históricos y culturas humanas. Cumple con esta función característica a partir de procesos y conflictos que aparecieron en un momento determinado de la historia europea. Si el Estado fue el instrumento real, efectivo de resolución de estos conflictos, la soberanía fue su talismán legitimador. En este sentido, la existencia del Estado moderno es una condición indispensable para el nacimiento de la noción de soberanía. Si faltase el Estado, el tipo de debates que anima la creación intelectual de la soberanía no tendría sentido. Y, al mismo tiempo, cuando una sociedad es gobernada por un Estado, antes o después el concepto de soberanía se torna inevitable. No obstante, la historia del Estado no debuta con la idea de soberanía. El Estado puede existir sin este concepto. No es la soberanía la que engendra el Estado, pues el Estado no ha surgido por la discusión sobre el poder político en términos de soberanía. El Estado, en cambio, sí es condición necesaria de la soberanía, aunque no condición suficiente. La teoría política ha evolucionado siguiendo el paso del desarrollo y asentamiento de las instituciones estatales. Avanzaba cuando estas instituciones se imponían frente a las costumbres y derechos tradicionales. Pero también retrocedía o se autolimitaba cuando la resistencia a los cambios se volvía más fuerte. Esto provocaba que el término de soberanía definiera realidades distintas en función del estadio particular de transformación política en cada una de las unidades políticas europeas, pues la fragmentación política ha sido un rasgo (y quizá el secreto) del dinamismo histórico de los pueblos reunidos bajo el signo de la Cristiandad. El concepto de soberanía solía cristalizar cuando la función estatal gozaba de la suficiente legitimación como para ser aceptada por la comunidad de la que brotó históricamente. Si el Estado moderno supuso la transformación del aparato que, en un momento de intensa conflictividad provocada por las guerras de religión, la sociedad elaboró para su defensa en un organismo autónomo que la coloca a su servicio, el concepto de soberanía constituyó el armazón intelectual para justificar este proceso. La soberanía implica, por decirlo de algún modo, la toma de consciencia del Estado y la plena madurez sobre su identidad. Con la soberanía no sólo sabemos que el Estado existe; sabemos lo que el Estado dice y quiere decir de sí mismo. Para que nazca el concepto de soberanía el Estado tiene que mirarse en el espejo de las ideas.

Autores como Carl Schmitt han insistido en una idea fundamental: que las ideas políticas modernas son conceptos teológicos secularizados. Pocas ideas resisten mejor ese encaje interpretativo que la de soberanía. Pero el jurista alemán también afirmó algo fundamental sobre la soberanía: que es soberano quien decide en último término sobre el estado de excepción. La doble condición de la soberanía (como idea de matriz teológica y como praxis política) se expresa aquí perfectamente. Se comprueba de esta manera el desplazamiento de una idea engendrada en el seno de lo teológico hacia la esencia de lo político, en su función de mando y obediencia. Es esta teología política entendida al modo de marco histórico-hermenéutico la que interesa recuperar aquí.

Como ya se dijo, en la Edad Media se fortaleció un espacio específico y autónomo en el ámbito de las realidades terrenales y políticas, y fue precisamente la Iglesia la encargada de protegerlo e institucionalizarlo. Esto contradice las ideas recibidas sobre este periodo histórico y en particular el prejuicio de la cesura entre la Edad Moderna y las etapas pretéritas de la historia, sumergidas en la oscuridad hermética que se condena en las vulgatas de tipo ideológico. Lo cierto es que la querella de las investiduras fue una controversia determinante en el despliegue histórico y concreto de las ideas cristianas contenidas en la tesis de la dualidad, que distingue las cosas de Dios de las del césar. El conflicto surge en un primer momento de la pretensión de la Iglesia de preservar su autonomía y no de la voluntad del poder político de proteger la suya. El cardenal Deusdedit, amigo de Gregorio VII y defensor de sus reformas, admitió la dualidad de jurisdicciones sin dejar de proclamar la superioridad de lo espiritual sobre lo temporal. En su *Libellus contra invasores et symoniacos et reliquos schismaticos*, el autor sostiene que el poder temporal no tiene autoridad en asuntos eclesiásticos y ningún derecho a ejercer la investidura eclesiástica. La victoria de Roma se saldó naturalmente con la reafirmación de la autoridad de la Iglesia en su propio terreno, pero también acarreó como contrapartida el derecho de los príncipes a reivindicar su propio espacio de autoridad.

Indudablemente, al calor de los conflictos y la fluctuación de las fuerzas respectivas, tanto la Iglesia como el imperio buscaron extender sus derechos y prerrogativas en detrimento de uno y otro. El debilitamiento del poder político congénito a la estructura feudal permitió a los Papas desplegar una estrategia de tutela espiritual, pero también política, sobre los príncipes cristianos. Con todo, los grandes principios de la teoría dualista cristiana nunca fueron discutidos. Los hombres del Medievo compartían una visión común del universo en la que coexistían elementos de origen diferente. La Sagrada Escritura, la patrística y (fundamentalmente) la *Ciudad de Dios* de san Agustín constituían los fundamentos cristianos de la sociedad medieval. A ellos se sumaban las ideas germánicas, la recuperación de la filosofía política de la Antigüedad y una tradición jurisprudencial almacenada en el derecho romano. Cuando se mezclaban en los asuntos políticos, los Papas decían actuar «excepcionalmente», según la fórmula de Egidio Romano, y *ratione peccati*, es decir, para llamar al orden a los príncipes pecadores y no por una razón de naturaleza estrictamente política. En cuanto a las iniciativas imperiales de signo contrario, nunca lograron neutralizar el principio de la independencia del ámbito espiritual. Reajustado, corregido o matizado, la teoría dualista se mantiene en pie y atraviesa los siglos. El Papa dispone de la *auctoritas*; el príncipe, de la *potestas*, según la fórmula de Gelasio I. Para la Iglesia la espada espiritual, para la ciudad de los hombres la espada temporal, según la doctrina *utrumque gladium* empleada por san Bernardo.

Esta doctrina prefigura algunos elementos clave de las teorías modernas que afirman la visión ya secularizada del orden político. Otros aspectos se desprenderán de ella conforme esta visión se vaya desarrollando y estabilizando. Consciente de que la autonomía concedida a los príncipes supone el riesgo de un poder ilimitado, la Iglesia proclamará que el orden político no es asunto exclusivo del gobernante temporal, sino de la comunidad entera. Algunas teorías alternativas de la soberanía, como la de Altusio o las concepciones hispánicas, se mantienen fieles a esta inspiración medieval. Otras, como la Bodino, sin romper definitivamente con ella, se van separando poco a poco y marcan el inicio del pensamiento político más moderno, localizado principalmente en Francia. En cualquier caso, esta bifurcación decisiva en la construcción de las teorías modernas sobre la soberanía no afecta al fundamento popular del poder político, que quedaba firmemente establecido mucho antes de Rousseau o la Revolución francesa.

Por otro lado, la afirmación de un poder autónomo y humano en el terreno político venía precedido también de la recuperación de la tradición filosófica griega, prestigioso baluarte del carácter natural de la ciudad. El poder político dejaba de concebirse únicamente, según la visión agustiniana, como necesidad derivada de la perversidad humana y retomaba la senda de un orden natural cuyo carácter racional justificaba su pretensión de convertirse en garante de una justicia terrenal autónoma y una acción secular legítimamente independiente. Esta construcción de signo naturalista, aunque precedida por aportaciones del siglo XII como las de los canonistas Graciano y Rufino, fue sistematizada en el siglo siguiente, tras la recepción medieval de la obra de Aristóteles. La *Suma teológica* de Tomás de Aquino operó la gran síntesis monumental entre la teología cristiana y la filosofía antigua y se convirtió poco después en la doctrina oficial de la Iglesia. Santo Tomás retoma los postulados aristotélicos del hombre como *zoon politikon* y los inserta en la teoría dualista de la teología cristiana. Quedaba el hombre concebido, al mismo tiempo, como ciudadano de la *humanitas* o la ciudad temporal y como miembro de la *christianitas* o ciudad espiritual. La afirmación de la ciudad temporal hace accesible a la razón el conocimiento de un derecho natural que el príncipe debe respetar y que justifica la obediencia de los miembros de la comunidad política. La síntesis tomista es gigantesca y desborda los límites de los asuntos aquí tratados. En cualquier caso, constituye una aportación fundamental en la historia de las ideas políticas occidentales y dibuja el marco de una ciudad que dispone de su propia fórmula de legitimidad, de naturaleza propiamente laica. Es un precedente decisivo para la prehistoria del Estado moderno y de la idea de soberanía asociada a él.

Este gran movimiento intelectual que promueve la laicidad (hablar de secularización implica otras connotaciones más problemáticas) se da la mano con el paulatino progreso de la idea de individuo, también implícita en la cosmovisión cristiana. Este movimiento suele vincularse exclusivamente a la Reforma protestante, que ciertamente le dota de una energía y unos acentos particulares, pero es perceptible desde la Edad Media. Indudablemente la orientación dominante en este periodo fue la del organicismo medieval, que fortalecía la inspiración comunitaria en el ámbito político. Estas concepciones fueron también alentadas por la lectura de Aristóteles y la redescubierta idea antigua de naturaleza. Con todo, ya en el siglo XIV se observa el inicio de un debate provocado por las primeras críticas a las teorías de santo Tomás. Los franciscanos Duns Escoto y Guillermo de Ockham objetaron la visión presuntamente reificadora del Doctor Angélico, que hacía de lo universal el único objeto de la razón, y proponían, sobre una base más empirista, que sólo lo individual era accesible al conocimiento. Fue un salto metodológico y ontológico ciertamente radical y no puede ignorarse su decisiva influencia posterior. Al concebir de este modo la realidad, la idea de comunidad política se desvanecía como un castillo puramente imaginario. Frente a la visión organológica se imponía, con estos rudimentos, la idea de mera asociación de individuos. Esta revolución intelectual, que no carecía de fundamentos teológicos cristianos (sus artífices fueron doctos eclesiásticos), provocaría un terremoto que sacudiría también el terreno de las diferentes versiones de la idea de soberanía. De hecho, el centro de la cuestión sobre la soberanía se discutía en sede teológica. Para estos franciscanos, aceptar la idea de naturaleza y de razón humana suponía limitar la total soberanía de Dios. Escoto se subleva contra esta implicación y afirmaba que la absoluta libertad de

Dios sólo se compadece con una visión meramente contingente de las cosas de este mundo. La idea de una comunidad política no se puede aceptar con estas premisas, pues sitúa al hombre en un plano meramente natural, con una justicia y una legitimidad diferentes de la revelación divina. Frente a la idea de naturaleza y razón, Escoto y Ockham entronizan la de voluntad. Es la voluntad de Dios la única creadora del orden cósmico. Por consiguiente, es la voluntad de los individuos, y sólo ella, la creadora del orden temporal. Este orden temporal se desvincula así de cualquier fundamento natural, pues el orden deja de serlo para volverse puramente artificial y contractual. Se inicia la senda de un derecho meramente positivo. Esta *via moderna* inaugurada por la teología franciscana está detrás de varios elementos constitutivos de la modernidad política: la idea de voluntad contractual como creadora del orden de la ciudad (artificialismo), que anuncia las teorías del contrato social en Hobbes y Rousseau; la idea de individuo, con la consiguiente voluntad emancipatoria de la comunidad humana y el proyecto de una ética de liberación de las ataduras de la vida social; y, finalmente, la idea del derecho de corte positivo, que no depende de un orden y derecho naturales, sino de la mera voluntad expresada por el soberano político.

La influencia de la *via moderna* se encuentra poderosamente en un autor tan esencial como Marsilio de Padua, autor del *Defensor pacis*, a quien debemos la sistematización política de los principios individualistas y positivistas que los franciscanos habían desplegado en sede exclusivamente teológica y filosófica. En los principios políticos de Marsilio, Dios se vuelve extraño y aparece sólo entre los factores secundarios a considerar. Aquí encontramos, sí, no sólo un orden laico, sino plenamente secularista. Sin embargo, el fundamento teológico voluntarista se deja notar claramente, por cuanto se asocian estrechamente la idea de voluntad y poder político. El ser humano es la causa original de la asociación social y base esencial del Estado; es la voluntad común de los ciudadanos la que delega en el gobierno el poder de mandar sobre todas las partes. Marsilio es un Rousseau *avant la lettre*. La voluntad popular es superior a cualquier otra voluntad. Pese a que el concepto de soberanía entendido en sentido moderno será desarrollado sólo más tarde con Bodino, Marsilio afirma que el poder legislativo pertenece al pueblo, concebido como *universitas civium*. El nombre cambia, pero se corresponde con lo que nosotros llamamos soberanía popular. Para el dualismo de la teoría marsiliana entre príncipe y pueblo, se distingue la soberanía, que radica en el conjunto del pueblo, y la *pars principans*, que equivaldría al poder ejecutivo del príncipe. Todavía no se han unificado, como en Bodino, las funciones legislativas y las propiamente políticas, un rasgo definitorio de la confusa inclinación de la soberanía moderna.

Puede percibirse que este giro teológico en el curso de los acontecimientos intelectuales determinó la orientación decisiva de las teorías modernas sobre la soberanía. Sin esta matriz teológica, probablemente la soberanía política habría conservado la vía laica incubada por el pensamiento medieval, pero se habría mantenido en la senda orgánica, naturalista y racional de la tradición occidental. No se habría fundado en el orden voluntarista, artificial, contractualista y ontológicamente individualista que definió las modernas teorías sobre la soberanía política, que impulsaron, a su vez, el despliegue definitivo de la forma política estatal, equipada desde entonces con un nuevo dispositivo intelectual que la dotaba de plena legitimidad para imponerse a cualquier adversario espiritual o político (interno o externo). Ciertamente, el paisaje de las ideas políticas medievales y modernas es una crestomatía no unidireccional y está compuesta por una imbricación constante y fluida entre perspectivas holistas e individualistas, voluntaristas y racionalistas, naturalistas y artificialistas. Los acentos y subrayados dependen de las épocas históricas y de las incipientes tradiciones nacionales o culturales. Por ejemplo, en Bodino, a quien se le imputa no sin razón la idea original de soberanía moderna, encontramos acentos medievalizantes, naturalistas y organicistas, con la consiguiente idea de bien común y derecho natural. Esto lo situaría, más bien, del lado de la tradición clásica del orden occidental y no en la *via moderna*. Sin embargo, en estos movimientos hay que observar la tendencia del despliegue y las fallas de ruptura que decantan en uno u otro sentido el porvenir de los acontecimientos. Los *Seis libros de la república* del jurista francés anuncian teorías sobre la soberanía mucho menos matizadas. Este es el elemento que debe destacar también el historiador de las ideas que no se conforma con las exégesis apegadas al texto, sino que incluye el contexto y el horizonte de sentido que cada nueva contribución intelectual supone para el futuro. En otras palabras, si Bodino sólo fuera uno más de los autores medievales, no sería el Bodino que destaca en los manuales de historia de las ideas políticas. Otros autores, no menos sobresalientes, como Johannes Altusio, viven sepultados en las notas a pie de página por no haber prologado el futuro. Bodino nos abre a la comprensión del nuevo mundo; Altusio nos descifra el mundo que murió con él.

Con el final de la Edad Media, la construcción del Estado adquiere una dimensión histórica fundamental. Es aproximadamente en este momento cuando el actor político, ya sea legista o diplomático, adquiere un rango decisivo y toma, por así decirlo, el relevo del téorico, filósofo o teólogo, que hasta ese momento había protagonizado la prehistoria del concepto moderno de soberanía. Las necesidades de la acción política, centrada en las demandas preestatales de unas monarquías europeas en pleno despegue político hacia las formas modernas, cubren lo esencial de las elaboraciones doctrinales, todavía apegadas a los modos tradicionales de la legitimidad. Antes de ser plenamente considerados como soberanos, los poderes monárquicos debían librarse del peso de la ley divina y natural, una emancipación que tardaría siglos en culminar. Pero la aparición del concepto de soberanía no exigía ese salto mortal que sólo un lento decantamiento histórico podría lograr. En un terreno mucho más inmediato, el camino hacia la verdadera soberanía exigía exonerar al candidato a la soberanía de los límites impuestos por la práctica del ejercicio del poder. Fueron esenciales, en este sentido, algunos cambios. En primer lugar, el tránsito hacia la plena soberanía exigía un cambio en la interpretación concreta de las ataduras éticas que imponían las leyes divina y natural. Si estas eran concebidas en un sentido menos legal y más moral o indefinido, se allanaba el camino hacia la soberanización del poder político monárquico. Este cambio de grado se logró reafirmando progresivamente la distinción entre ley divina y ley positiva, lo que restringía la ley natural a las especulaciones de los filósofos. Por otro lado, la función legislativa, otrora considerada como delegada en las manos del príncipe por la comunidad política, tiende a ser controlada en sus mecanismos por la acción del gobernante y su incipiente burocracia estatal. En el orden medieval, a través del derecho consuetudinario, la función legislativa escapaba al control del príncipe. Gracias a la práctica de la confirmación real de las buenas costumbres, el rey empezó a acometer una acción legislativa que fue ampliándose cada vez más. El proceso fue paulatino; la acción política, prudente; y los tiempos, moderadamente largos. Bracton precisaba que el rey hace la ley, pero que la ley hace también al rey. Balde de Ubaldis admitía que el rey no tenía a nadie por encima de él, salvo a Dios y a la ley. Todavía en el siglo xv, Gerson corrobora este criterio: recuerda que la ley se impone al gobernante y refuta la idea, posteriormente asumida en las monarquías absolutistas modernas, del derecho divino de los reyes.

En todo caso, las interpretaciones en pugna en la multiplicidad de fuentes y afluentes de las doctrinas medievales sobre la sociedad y el poder parecían empujar en una sola dirección. Una dirección marcada por el conflicto entre el pensamiento genuinamente medieval (caracterizado por una pluralidad de comunidades, límites y contrapesos dentro de una vocación universal) y un pensamiento antiguo-moderno orientado hacia la centralización y supremacía absoluta del poder político. Como destacó Gierke en su obra sobre las teorías políticas medievales, los conceptos políticos-jurídicos antiguos o, mejor dicho, su recepción en el mundo medieval, habían de conllevar forzosamente (y, de hecho, tuvieron) un efecto destructivo en la forma medieval de pensamiento. La tendencia hacia la Antigüedad, coaligada con las fuerzas intelectuales impregnadas de voluntarismo teológico, supuso un desafío imposible para la conservación del orden político medieval. La fusión entre voluntarismo político y nominalismo antropológico-social anunciaba que la soberanía del Estado y la del individuo serían los axiomas centrales de las teorías políticas modernas. Sin embargo, la idea de soberanía se decanta cada vez más hacia la concentración en un único sujeto del poder supremo (monarca o asamblea) que monopoliza la totalidad de los derechos y atribuciones políticos. El Estado se siente llamado a emancipar al individuo consagrado por la filosofía moderna de todos los lazos no estatales. Al privar al rico entramado de grupos y corporaciones medievales de todo rastro de autoridad, el Estado construye su autoconcepto en virtud del presupuesto teórico extraído del modelo antiguo y se erige así en grupo exclusivo, encarnación suprema de la comunidad humana en su expresión unitaria y omnicomprensiva. El exclusivismo y el particularismo centralizadores del Estado no admitían comunidades universales por encima, negándole al imperio toda forma de existencia legítima. Y, por debajo, las regiones y municipios obedecían a un movimiento jerárquico descendente y delegado de la potestad estatal, sin admitirse en ningún caso una forma de existencia social autónoma de grupos y asociaciones inferiores. Los grupos intermedios fueron primero degradados a la condición servil de creaciones arbitrarias y artificiales del Estado antes de ser eliminados por completo.

Por consiguiente, ya a finales de la Edad Media la teoría avanzaba hacia la exaltación de la exclusiva soberanía política. La lentitud del proceso puede explicar por qué aún hubo de retrasarse tanto la edificación de su concepto, que terminaría cristalizando con el propósito de apuntalar, por un lado, el progreso de la concentración del poder y también de justificar y acelerar, por otro, el avance en la misma dirección frente a los nostálgicos del orden medieval genuino. Los cimientos intelectuales estaban listos y apuntaban hacia una importación en sede política. Probablemente, la tenacidad de los usos y prácticas medievales retrasó el parto de la soberanía específicamente política. Las creencias medievales demostraron una particular resistencia y esto en no poca medida podría deberse a unas instituciones políticas que avanzaban más lentamente que la recepción de nuevas ideas, que por lo demás todavía debían sufrir la necesaria adaptación entre su fuente teológica o filosófica y su aplicación política. Algunas de estas nuevas ideas, en la medida en que procedían también del mundo clásico, tampoco se adecuaban exactamente a los modos y hábitos comunes del mundo medieval. La *polis* de los griegos, con su vertiginosa e intensa vida política, poco tenía que ver con la realidad, despolitizada para la mayoría, del Medievo. No era fácil, en la fragmentación típica de un universo todavía feudal a muchos niveles, responder a la pregunta sobre qué comunidad era la verdadera *polis* de la que hablaba Aristóteles. La proliferación medieval de comunidades y autoridades, con infinidad de interferencias recíprocas, tampoco permitía conocer con exactitud qué autoridad poseía el *imperium*. En el mundo de los conceptos políticos griegos no existían ni la Cristiandad ni la Iglesia en sentido espiritual y lo universal era más una idea que una realidad concreta. La concepción del tiempo también era significativamente distinta: el pensamiento griego fue ajeno a la idea de Historia, con mayúsculas, derivada de la teología cristiana. Este panorama, que se puede asemejar al de un considerable desbarajuste de argumentaciones, tardaría tiempo en diluirse. Los cimientos de la soberanía moderna se habían echado hacía tiempo y semejaban los planos de una obra aún por ejecutarse.

SOBERANÍA: ¿BODINO O ALTUSIO?

Como observa Maritain,

> la soberanía no significa nada o bien significa un poder supremo separado y trascendente, no ya en la cúspide, sino por encima de la cúspide («por encima de todos los súbditos») y gobernando desde su atalaya al cuerpo político entero. Esta inteligencia de la institución política permite comprender el carácter esencial de la fuerza soberana, su absolutismo. Lo absoluto es aquí aquello que no admite ninguna condición, aquello de lo que todo depende y que no depende de nada. La potencia soberana se vuelve ajena y extraña al cuerpo social de la comunidad a la que gobierna. Su poder es absoluto (absoluto, es decir, desligado, separado), y por consiguiente ilimitado, en su extensión y en su duración, y sin responsabilidad ante nadie en la tierra.

He aquí también la razón de la cristalización de todas las competencias políticas entre sus manos, rasgo definitorio del que emerge la naturaleza propia del Estado moderno. Esta comprensión monolítica del cuerpo político exige despojar a la naturaleza humana de su dimensión política. Pensador a caballo entre la Edad Media y la modernidad política, Juan Bodino, a quien Mesnard llamó «heredero del derecho romano y de los principios cristianos», puede considerarse el precursor de esta nueva visión, a la postre decisiva.

Según Bodino, los antiguos, y en particular Aristóteles, no han entendido la esencia de la república. Los hombres se dividen en disputas incesantes si falla un poder central de decisión. Los conflictos en la Francia de Bodino no se inscriben en la preocupación humanista por la falta de virtud del monarca. No persigue construir un espejo de príncipes, aunque tampoco adelanta la antropología esencialmente belicosa de Hobbes. Su atención se centra en la mecánica del poder y su diagnóstico es sencillo: mientras los hombres no sean capaces de reconocer el poder de decisión de un solo jefe, la república permanecerá sin cabeza ni matriz jurídica. De ahí los perpetuos conflictos y querellas.

La heterogeneidad del monarca en relación con sus súbditos es completa. En el monarca de Bodino retumban los orígenes arcaicos de la soberanía. Si el último giro del pensamiento político moderno se puede caracterizar por la plena identificación entre el cuerpo político y el poder, Bodino no es un pensador moderno. En cambio, sí podemos considerarlo al menos precursor de los modernos en otro sentido. Si bien su pensamiento no formula el problema de un antagonismo entre los derechos naturales y su posible expresión en la vida política, sí se insinúa la argumentación de Hobbes y Rousseau según la cual la naturaleza de los hombres no les permite organizarse colectivamente de forma espontánea. La idea de una alienación total de los derechos políticos de los súbditos en beneficio del soberano es crucial en el fundador de la soberanía como única posibilidad de una unión viable entre ellos. El precio es que el garante del orden social no puede participar de la misma realidad ontológica que el cuerpo político, pues en ese caso su poder estaría sometido a discusión: sería disputado y disputable; ya no podría encarnar la función de potencia informadora, normalizadora, sin la cual las relaciones entre los hombres están abocadas a la anarquía. Los hombres, por consiguiente, no son naturalmente políticos, como sostenía la tradición filosófica occidental. Tampoco necesariamente belicosos. Bodino los considera más bien asociales, incapaces de respetar su palabra o comportarse racionalmente. Su inclinación es la anarquía, la ausencia de principio o de norte. He aquí el valor social de la fuerza soberana, única capaz de constreñir a los hombres a desarrollar vínculos serenos y estables. Para Bodino los hombres no serían capaces de ligarse, de vivir socialmente juntos, si no hubiera un soberano que les abriera el espacio de lo público. Esta sencilla afirmación puede considerarse el pórtico de la asimilación entre lo estatal y lo público, tan paradigmática para identificar la sensibilidad política moderna. Se la debemos al autor de los *Seis libros de la república*.

El periodo en el que Bodino formula su definición de soberanía absoluta es contemporáneo de una concepción del poder que afirma su origen en el pueblo. En esta representación de la organización política se introducía la idea de que los derechos políticos detentados por gobernantes y legisladores eran concedidos para una cierta finalidad. Suponía por tanto la tesis de los límites y condicionamientos del mando político. Esta misma concepción podía llegar a justificar el tiranicidio, puesto que el pueblo no era para el príncipe sino el príncipe para el pueblo. Era el consentimiento popular, expreso o tácito, el que autorizaba al magistrado a usar de su poder. La fuente de su autoridad procedía de su elección y del consentimiento, no del axioma de su condición de imagen de Dios en la tierra. El magistrado soberano podía ser reconocido como el primero en cuanto a fuerza, rango y jurisdicción. En ningún caso como radicalmente superior a su pueblo.

En pleno periodo de tumultos y querellas públicas, Bodino no podía aceptar la teoría del poder que hace del pueblo el origen de la soberanía. Tomará de la analogía sustancial entre Dios y el soberano su principal argumento de teología política para justificar las prerrogativas del príncipe. Para Bodino, el hombre no es una criatura dotada de libre albedrío en tanto que *imago Dei*. Más bien resulta ser alguien inclinado y sumiso ante Aquel a quien debe su existencia. He aquí el argumento teológico que proyecta analógicamente en su concepción de la soberanía. Al igual que el hombre no puede ser sin Dios, el hombre social no puede ser sin su soberano. Esta analogía divina hace que la lógica del mando y la obediencia no proceda de una matriz propiamente humana o directamente política. Bien al contrario, la analogía trascendente permite colocar al soberano en una esfera separada, en un plano superior y trascendente al cuerpo político. Del mismo modo, todo contrapoder, toda resistencia, contestación o incluso discusión de su poder contradicen flagrantemente la esencia de la soberanía así considerada. El príncipe deja de ser también un hombre como los demás en el terreno moral, es decir, alguien en quien hay que despertar y cultivar las virtudes necesarias para el buen gobierno. Los teóricos del poder, por su parte, se separan del tipo de reflexión que discute las razones que legitiman el gobierno de los príncipes sobre sus semejantes. Contemporáneo del derecho divino de los reyes que se impondrá con Jacobo I de Inglaterra, el soberano de Bodino ya no es un semejante ni un igual por naturaleza a los otros hombres. No existe en esta teoría ni rastro de esa sana desconfianza medieval ante la amenaza que supone conceder a un solo poder el gobierno de todos. Diríase que el escepticismo y la sospecha políticas, surgidos como ecos racionales del miedo ancestral y republicano a la tiranía, han sido aquí desterrados. No extraña tampoco que se expulse, junto a estos vetustos recelos, la noción del bien común como norte y guía de esta construcción teórica. Antes bien, las analogías místicas o teológicas proclaman al soberano como depositario natural del bien de la república. Bodino se la representa a la manera de Platón, es decir, según el esquema de una totalidad ordenada por la coherencia interna de un cosmos amenazado en su armonía por una libertad humana demasiado caótica y anárquica para merecer un lugar legítimo en él. Los vínculos humanos se perciben como congénitamente inestables para el orden admirable diseñado por el soberano. Salta a la vista que Bodino interpreta el orden político de acuerdo con una imagen estática. Su visión se asemeja al ideal espartano frente al de Roma, según la contraposición expuesta en su momento por Maquiavelo. El orden según Licurgo, soberano legislador, es mejor según Bodino que el orden nacido de la disputa fraternal entre Rómulo y Remo. La lucha y el conflicto se interpretan como la antítesis del orden, nunca como la vía para llegar a él. Maquiavelo abordaba su comprensión del orden siguiendo el ángulo del devenir y no a partir de una visión metafísica idealizada. El orden no debía aspirar a esa estabilidad perfecta, perdida en el Edén o soñada por los geómetras. Debía, por el contrario, equilibrar las diferentes dinámicas que nacen de la sociabilidad humana, armoniosa y conflictiva según la situación. Roma había sabido alimentarse de sus conflictos para construir su propio orden. Sin ellos, habría muerto o, mejor dicho, no habría llegado a nacer. Así, el horizonte político de la modernidad que abre Bodino con su concepto de soberanía supone una verdadera encrucijada. La norma vertical de un ideal pitagórico inspira todo el sistema, olvidando completamente la relación entre iguales. El conflicto, como ámbito de reflexión específicamente político, queda evacuado en el orden soberano. La organización administrativa de la república soberana obedece a esta lógica vertical, en este caso descendente, pues magistrados y funcionarios gravitan en torno a la órbita soberana del Sol. Ni siquiera el posterior desplazamiento operado en la soberanía con el cambio de titular, desde el monarca hasta el pueblo, variará un ápice esta estructura. Esta tradición francesa de la soberanía (que es el modelo estatal por antonomasia) limitará el crecimiento de la comunidad al margen de la voluntad del poder político. En virtud de estas dos versiones opuestas de los orígenes de la soberanía, se desarrollan dos modelos de inteligencia política diferentes para la incipiente modernidad. La forma del poder estatal soberano sólo se impondrá tras la estabilización de las instituciones gubernamentales derivadas de la opción bodiniana, que después se extenderá a la democracia liberal moderna. Bodino puede reclamar la paternidad de una larga descendencia intelectual y política.

Otro de los rasgos más sobresalientes que se desprende de la concepción de la soberanía según el legista francés es la asociación entre la política y la ley. La ley, según Bodino, no tiene que ver con el contrato de acuerdo. La ley tiene que ver con la soberanía, que puede obligar a todos los súbditos sin obligarse a sí misma. La ley es el gesto político-jurídico por excelencia. Un gesto vinculado directamente con el mando y la fuerza necesaria para ejercerlo. De ahí la expresión «fuerza de ley», de claras resonancias bodinianas. Bodino es el iniciador de la fusión entre el campo de la ley y el campo de la política, hasta el punto de que esta última se disuelve en cierta forma en aquella. Se comprende perfectamente el alcance polémico de esta tesis cuando se inscribe en su contexto histórico. Contrariamente a las representaciones medievales de un gobierno encarnado en la fuerza de las armas, Bodino introduce la idea de un poder cuya definición esencial reenvía a su actividad normativa: la soberanía es el ejercicio de un poder capaz de dar forma a la sociedad. Encargada de paliar las deficiencias de la naturaleza humana, la actividad jurídico-gubernamental se aproxima así poco a poco a esa operación intelectual, culminada en Hobbes, en virtud de la cual los comportamientos humanos serán regulados por una norma superior que les permita convivir. La idea de una naturalidad de la vida común se desdibuja en beneficio de una representación artificialista de la vida colectiva. Aunque Bodino no llega a formular la idea del contrato social que caracterizará la vía moderna y estatal, orienta decisivamente al pensamiento político en esa dirección.

Según Bodino el poder tiene el monopolio de la creación y ruptura de la ley sin ningún otro límite que el de su propia voluntad, definida como libertad negativa: puede prohibir y permitir lo que quiera. La ley es por tanto de naturaleza voluntarista. Bodino no entiende el juego entre diferentes instituciones, por considerarlas antagonistas del acto soberano, único e indivisible por definición. Si se compara en particular con el sistema ateniense de formación de la ley (desde la *Ekklesia*, la *Boulé* y la *Helieia*), se percibe claramente una ruptura de la tradición occidental. Para Bodino, la ley sólo es una orden ante la cual todos se someten, la expresión de la voluntad soberana, idéntica a la voluntad del poder. Una vez más las analogías divinas desempeñan un papel estratégico en su planteamiento teórico. Del mismo modo que en Dios la voluntad, a la manera escotista, ocupa un puesto preeminente en su obra creadora, para el soberano la ley expresa su voluntad en cuanto al orden político. El acento se coloca entonces en la capacidad de la ley para dar forma y modelar la vida social, y no en su capacidad para representar lo que cada una de las partes del cuerpo social juzga necesario para orientar la vida en común. Esta inteligencia de la función legislativa debe retener nuestra atención porque, como advertíamos, constituye una ruptura notable en la historia del pensamiento político. No se concede a los hombres el derecho a cuestionar la conveniencia de las leyes en un ejercicio de libertad política ante el poder. Desde el momento en que son voluntariamente establecidas por el soberano, su legitimidad no se puede cuestionar. Bodino subraya el carácter *decisionista* de la ley en detrimento de la virtud cohesiva de la misma. La cuestión del contenido, de la justicia, y de la legitimidad de la ley como medio del bien común deja de ser un problema para Bodino. Su objetivo, como ya sabemos, es garantizar ante todo la obediencia. Por tanto, es la forma de la ley la que obliga y no su contenido. Con este modo de pensar la relación entre la ley y el poder, resulta inviable domesticar al gobernante o desactivar sus excesos. La modernidad, inspirada en este punto por Bodino, preferirá también ubicar la actividad propia del legislador en el centro del poder político.

No se debe soslayar otra consecuencia perniciosa, en absoluto menor, de la teoría bodiniana sobre la soberanía. En Bodino se confunden sin distinción la actitud del jurista y la del teórico político. Se percibe embrionariamente la tendencia moderna y contemporánea hacia la impolítica. Se ofrecen respuestas jurídicas a problemas políticos y respuestas políticas a cuestiones jurídicas. Se utilizan instrumentos jurídicos para resolver problemas políticos y se provocan así los bloqueos acostumbrados en el espacio contemporáneo. Ciertamente, el remedio de la teoría de Bodino permitió consolidar el poder y la autoridad del rey en medio de un clima de controversias políticas internas. Sin embargo, a la larga, lejos de garantizar las decisiones y la fuerza del poder político, este nuevo sistema introduce incertidumbres e indecisiones debidas a la confusión imperante entre el campo jurídico y el estrictamente político.

El nuevo modelo de mando soberano sirvió sin duda para eliminar las endémicas disputas medievales y erigir a Francia en la poderosa máquina administrativa a la que debió su posterior hegemonía europea. Como contrapartida del privilegio que asume la decisión política sobre el acuerdo y el compromiso, la acción del poder soberano unitario excluye toda otra iniciativa social de participación en la vida pública. La tendencia social atomizadora de la vía moderna facilitará esta forma de entender las relaciones políticas. No resulta difícil observar que nuestro tiempo ha llegado al límite de la concepción que consagra esta relación entre un poder hipertrofiado y una sociedad juzgada esencialmente deficiente para la acción colectiva. Por lo demás, esta visión de la soberanía política se apoya en una interpretación igualitaria de la ley. Una ley que se dirige a todos, se ejerce sobre todos y vale para todos, sin distinción alguna. El Estado soberano es igualador y uniformizador por naturaleza. La concepción de Rousseau encontrará el campo muy allanado y los revolucionarios franceses retomarán los atributos bodinianos de la soberanía: su carácter absoluto y su indivisibilidad. Aunque niegue la radical trascendencia del poder y de la ley, que procederían del pueblo, la Francia revolucionaria no logrará emanciparse del imaginario diseñado por la idea moderna de soberanía, tal y como fue planteada por Bodino. La nación política ocupará el lugar del rey (la guillotina se convierte en símbolo democrático). Sin embargo, más allá de esta usurpación de funciones, se mantendrá la idea de que sólo existe un único interés colectivo. No hay lugar institucionalmente reconocido para representar a cuerpos sociales distintos en la concepción monolítica de una nación de nuevo cuño que se identifica con el Estado (el Estado nación).

La operación intelectual exigida por la revolución, y precedida decisivamente por la elaboración teórica del concepto bodiniano de soberanía, imponía una concepción del interés general incompatible con la mera existencia de grupos y asociaciones que pudieran eclipsar a una nación política hostil a cualquier forma de pluralidad. Se entiende el alcance simbólico de la ley Le Chapelier, que prohibía toda creación de corporaciones y, por tanto, toda agrupación humana al margen del poder oficial. Si la igualdad social queda garantizada por la ley que emana de la soberanía nacional, desaparecen las razones que justifiquen cualquier forma de asociación no monitorizada mediante el control o la planificación estatales. «Todo en el Estado y nada fuera del Estado» pudo haber sido un lema jacobino mucho antes de que Mussolini lo elevara a doctrina oficial del fascismo. Para los revolucionarios franceses sólo existen el individuo y el poder. Es lo que afirma la ley Le Chapelier expresamente: «Ya no existen corporaciones en el Estado; sólo existen el interés particular de cada individuo y el interés general. No le es permitido a nadie inspirar a los ciudadanos un interés intermedio, separarlos de la cosa pública por un espíritu de corporación». Ya sólo existen dos modos legítimos de existencia: en tanto que sujeto individual (en su vida privada) o en tanto que ciudadano, pero ambos modos de existencia deben ser validados por la soberanía de la ley. Todo espacio de existencia social intermedia ha perdido su razón de ser. La mera existencia de estos espacios sólo puede juzgarse como un peligroso agente contra el mito unitario del pueblo constituido en Estado revolucionario y soberano.

Con las mutaciones históricas ligadas al despliegue del concepto bodiniano de soberanía, asistimos a una paradoja desconcertante. Al volverse soberano de acuerdo con la idea de Bodino y después de Rousseau, el pueblo se identifica con la voluntad general del poder, pero pierde toda densidad real o espesor social. En realidad, no ocupa ningún lugar concreto más allá de la mitología y la retórica revolucionarias. Lo político ha sido expropiado por el Estado soberano. En este nuevo esquema no queda ya ningún espacio de afirmación del pueblo orgánicamente concebido, en su dimensión comunitaria, un espacio real y concreto en el que pudiera ejercer ese papel como teórico titular de la soberanía. Aunque la soberanía moderna diga que el pueblo lo es todo, en realidad no es nada.

A pesar de la anticomanía retórica de los revolucionarios jacobinos, la virtud ciudadana de los griegos sufría una metamorfosis mortal en la construcción política moderna. La ciudadanía moderna extiende y refuerza la condición de súbditos imperante durante la época del absolutismo monárquico. Un absolutismo democrático vendrá a ocupar el lugar del absolutismo encarnado por la dinastía real. El campo de la realidad política permanece como el espacio de la otredad y la exterioridad del poder, un poder, eso sí, completamente fundido con el pueblo en el terreno de la mitología revolucionaria.

La teoría de la soberanía moderna configura un determinado tipo de sociedad. Como producto de esta visión, lo político se escinde de la realidad humana concreta. Conservando siempre el antagonismo bodiniano y hobbesiano entre un poder modelador y una masa amorfa de individuos que requieren necesariamente de la argamasa institucional del Estado para tejer una red relacional, el poder conservará desde entonces hasta hoy la primacía absoluta sobre una sociedad representada en términos de una radical impotencia (e incompetencia técnica) para constituirse y vivir sin él. Las consecuencias siguen siendo devastadoras para el tejido social y la fibra moral de las sociedades europeas. Hoy son los tecnócratas del Estado quienes asumen esta misión heredada frente a una sociedad inerme de individuos, desactivada políticamente y centrada apenas en los placeres inmediatos y en las satisfacciones propias de la vida privada. Vida privada que, en realidad, no goza de ninguna autonomía, pues también es delimitada por el marco legal diseñado por el Estado.

Tras la Revolución francesa cabría esperar un ocultamiento del concepto de soberanía vehiculado por la monarquía absolutista. Ya lo hemos visto: sucedió todo lo contrario. La soberanía perdió el fundamento trascendente de las analogías teológicas bodinianas para volverse inmanente al pueblo. En realidad, otro defensor del absolutismo monárquico, Hobbes, ya había dado ese giro inmanentista. Así, con la entronización soberana de la nación política, culmina la proclamación suprema de la ley como expresión del poder. Esta hiperlegitimidad de la ley estatal sale, de hecho, reforzada en virtud del concepto democrático de soberanía, una forma de antropoteísmo que empalma con las analogías teológicopolíticas de Bodino. A la destrucción implacable de todos los contrapoderes en el ámbito teórico sucederá su disolución legal en el ámbito de los hechos. No se admite ninguna forma de contestación de la ley como emanación de la soberanía popular. Las libertades concretas se vuelven frágiles; el legicentrismo de la Declaración de los Derechos del Hombre sólo admite la libertad consagrada por la voluntad general que encarna el Estado. Así, si se afirma que el individuo está protegido por la ley, también se recuerda que no puede actuar fuera de los límites que fija. La libertad depende, pues, de la concesión generosa del poder. La soberanía moderna consagra la conversión de la libertad civil en minucioso control por parte de la fuerza colectiva.

En definitiva, la teoría bodiniana de la soberanía inaugura la creciente presencia de una nueva forma política que concentra en un solo foco el conjunto de una vida social definida por la normatividad legislativa, esto es, por el poder absoluto de crear y destruir la ley. Se dibuja, asimismo, no sólo por el impulso de los argumentos, sino también de las prácticas lentamente incubadas en los tiempos largos de la historia moderna, un estrenado perfil de las relaciones entre el ciudadano y la ciudad. La libertad de los antiguos cede ante la libertad de los modernos. El hombre deja de ser esa criatura que adquiere la excelencia de su naturaleza en la preocupación por los asuntos públicos. Deja de ser, en definitiva, un animal político. No tiene que preocuparse por los resortes de la vida en común, pues el Estado asumirá completamente esa dimensión otrora definitoria de su condición y de su dignidad. La teoría moderna de la soberanía abre la distinción entre la sociedad civil y el Estado. Esta ruptura social, que es también antropológica, queda resumida en la paradoja de un ciudadano que no es animal político. En nuestro tiempo asistimos al último episodio de este proceso. A la dualidad moderna del mundo humano que divide y fractura la vida en común se añade el esquema de una obediencia absoluta a un principio superior al que toda nuestra existencia parece estar subordinado, ya que la soberanía se convierte en aquello sin lo cual la sociedad no puede siquiera llegar a ser. La misma naturaleza social del hombre parece resultar de un diseño voluntarista del poder político. Sin este los seres humanos sólo serían entes anárquicos y asociales. Una de las consecuencias de la teoría moderna de la soberanía es la reclusión de las habilidades básicas de autoorganización social en el ámbito de la imaginación o la utopía antiestatal. El enfoque predominante en el pensamiento contemporáneo, que se deriva de la lógica cratológica, es el de un Estado llamado a ejercer una supervisión paternalista de una sociedad dependiente e infantilizada. ¿Es esta imagen compatible con la premisa de una ciudadanía que ha alcanzado su mayoría de edad en el ejercicio de su libertad y responsabilidad políticas? Una parte de la mitología soberano-democrática del Estado moderno se apoya en la fe depositada en un poder al que pertenece el deber de dinamizar la sociedad sin reconocerla como factor esencial de su propio devenir. La noción de un poder destinado a mitigar primero las carencias humanas y a compensar después las injusticias sociales de un sistema económico vituperado, pero paradójicamente instituido y delineado por la misma norma del Estado, marcará el estilo histórico del Estado providencia.

Como escribió Pierre Mesnard, «todo el conflicto entre Bodino y Altusio se centra en la oposición de sus tesis sobre la cuestión de la soberanía». Porque, frente a la soberanía dominante en el espacio moderno de las formas políticas, existió otra interpretación alternativa. Mientras que Bodino intenta superar el estado de inseguridad y desorden latente de toda vida colectiva conceptualizando un poder soberano unitario, Altusio redefine la soberanía como un derecho de asociación universal de los grupos que el magistrado supremo no establece, sino que simplemente administra, supervisa y gobierna. Mientras que para Bodino el orden de la república pasa por la centralización absoluta de todas las competencias políticas en las manos de un poder soberano que no reconoce ninguno de los poderes intermedios ni acepta delegación o reparto alguno de sus competencias, Altusio comienza su gran obra de teoría política afirmando que, si la soberanía se concentra sólo en las manos del monarca, todo el edificio político se deshace. La unidad y la estabilidad de la *consociatio universalis* –o república altusianamente considerada– sólo puede ser asegurada por la cooperación de ordenaciones políticas combinadas y superpuestas que detentan todas, aunque cada una a su nivel, un derecho y un deber de autogestión.

Como observamos antes, el absolutismo soberano de matriz bodiniana, que confunde ley y política, conducía a una despolitización de la existencia humana. Altusio concentra su crítica principal a la obra de Bodino en ese aspecto fundamental. El error conceptual de Bodino consiste en pasar de la descripción de las leyes positivas a reglas de derecho de las que inferir los principios de la república. Al eludir el estudio de los hechos políticos en sí mismos y adoptar la perspectiva del jurista en el terreno de la *polis*, Bodino despolitiza la política y politiza el espacio jurídico. Para Altusio el hecho político no es solamente el resultado de una buena constitución de los poderes gubernamentales, sino más bien el producto de una inteligencia práctica centrada en la combinación de las diferentes funciones antropológicas necesarias para el desarrollo de la colectividad. Bodino, únicamente centrado en la confianza absoluta en la eficacia interna de las instituciones, desprecia toda una tradición genuinamente republicana que nace de la consideración de la vida ciudadana como motor determinante de la vida política. Por el contrario, la visión de Altusio es política en la medida en que no disuelve la disciplina en ninguno de los saberes y campos teóricos colindantes. De la política nos proporciona la siguiente definición: «La política es el arte de establecer, cultivar y conservar, entre los hombres, las condiciones necesarias, esenciales y homogéneas de la vida social». Inmunizada frente a cualquier tentación cratológica o utópica, esta definición consagra la visión clásica de la política como custodio de un orden social anterior. Esta labor de preservación del orden es definida como «simbiosis». El objeto mismo de la ciencia política será, por tanto, la «simbiótica». Por muchas conexiones que pueda mantener con la teología, la moral o la jurisprudencia, Altusio se preocupa por que dicha política simbiótica sea considerada como una disciplina autónoma. Teniendo presentes a figuras como Erasmo y el propio Bodino, no puede sino lamentar que el espacio político haya sido colonizado por legistas y teólogos. Apela a una «nueva política» (*opus publicum novum*), «libre de cualquier préstamo de las disciplinas próximas, pero que haya reconquistado bajo su cetro la extensión de todo su imperio».

Por lo demás, el modelo de Altusio refleja teóricamente el modelo de las ciudades surgidas gracias a la diversidad social y política engredada bajo el calor histórico de la forma imperial. En estas ciudades se desarrolla lo más parecido a un estilo de vida republicano. La ciudad es un cuerpo, una asociación contractual en la que sus miembros, solidarios los unos de los otros, alcanzaron una forma autónoma de existencia. Para mantener ese nivel de autonomía las ciudades tuvieron que desarrollar todas las redes relacionales necesarias para la satisfacción de las diferentes necesidades de su vida común. Para que el orden reinara y que las diferentes actividades se equilibraran con vistas a lograr el viejo ideal griego de la autarquía, diferenciaron orgánicamente las funciones sociales e impulsaron una forma de convivencia que nacía de su propio dinamismo interior y no de un poder exterior y abarcador. Con el compromiso compartido de la vida en común, una vida que obligaba a los individuos a cultivar su responsabilidad, se engendró una cultura cívica de autonomía personal y ciudadanía comunitaria.

Mientras que Bodino le atribuye al poder soberano la creación y regulación de toda la vida colectiva, Altusio va a reconocerle esta función al pueblo orgánicamente articulado. El pueblo de Altusio no es el pueblo imaginado, sino el pueblo histórico y concreto. La base de todo este edificio conceptual, construido sobre el análisis de esa realidad policéntrica de asociaciones integradas en un cuerpo simbiótico, es la aptitud antropológica de lo que Altusio llama la *comunicatio*, es decir, el acto de poner en común y de gestionar en común el objeto compartido. Cada asociación se constituye sobre la base de la intrínseca sociabilidad humana, de la tendencia del hombre de ir hacia los otros como forma de encontrarse a sí mismo y de crecer en su propio ser. Esta realidad es tan natural para Altusio como lo fue para Aristóteles. El ser humano es conducido, casi empujado, por su naturaleza a asociarse, a compartir, a vivir con sus semejantes y, por tanto, a comunicarse con ellos. ¿Qué sería la república sin comunión y comunicación de los bienes y servicios necesarios para la vida, se pregunta Altusio? El acto de comunicación es, en consecuencia, la condición de posibilidad de la política. Olvidarlo implica ignorar el nudo político determinante del conjunto de la vida colectiva, el objeto mismo y la razón de ser del saber político. La lectura de Altusio nos recuerda en qué medida la ruptura moderna parte de un olvido o de una negación antropológica de la *communicatio* que transforma radicalmente el horizonte de comprensión de la vida política. La *communicatio* orienta naturalmente la vida social hacia el bien común y también da cuenta de la finalidad de un gobierno que se concibe no como creador, protagonista o usurpador de la vida social, sino como protector de la totalidad del cuerpo político en la coherencia de sus distintas funciones. El gobierno no suplanta al cuerpo político; sólo debe velar por que el conjunto de cuerpos y asociaciones respeten, en la búsqueda particular de sus propios objetivos parciales, el orden general que vincula a todos.

Si Altusio parte, al igual que Bodino, de la premisa de que no habría república sin soberanía es porque, a diferencia de él, la ubica en el interior de la dinámica asociativa. Lo que es soberano no es únicamente el principio efectivo del mando, sino la base sobre la que se sustenta, es decir, aquello que engendra las relaciones sociales, el fermento cooperativo que nace de la comunicación humana. En contra de la lectura bodiniana, Altusio abre la esfera de pertinencia del concepto de soberanía a aspectos distintos al ejercicio directo del poder político. La premisa de la soberanía política sólo puede ser la soberanía social. El príncipe es para el pueblo y no al revés. Los derechos soberanos residen en el plano de una intersubjetividad fecunda y abierta, y la primera presencia de lo político se desvela en ese intercambio simbiótico que constituye la red de relaciones sociales. Al asumir este hecho primordial, es legítimo conceder al término de soberanía el sentido antropológico primordial de lo que el hombre debe al otro para poder existir y perfeccionarse en el ser. La lógica puramente individualista y anárquica, belicosa o atomista, presente en las distintas versiones de la fórmula absolutista o revolucionaria del Estado moderno, contradice el fundamento político de una metafísica clásica orientada hacia el reino de los fines. Esta perspectiva encuentra cobijo en la visión altusiana, fundada en esa lógica simbiótica sobre el orden del ser que equilibra la perspectiva holística con la pluralidad orgánica del mundo social. Se excluye así tanto la consideración de la sociedad como agregado de individuos como la contraposición individuo-sociedad del marco moderno. En la filosofía de la *communicatio* simbiótica, el otro no es visto como hostil (*homo homini lupus*) ni como obstáculo para una libertad individual entendida meramente como la expresión de la autonomía de la voluntad, tal y como consagran las declaraciones estatales de derechos subjetivos. En la visión altusiana, el otro escapa del reino moderno de la extrañeza intersubjetiva para alcanzar su condición de fin de la vida social y medio para la perfección de sus congéneres. Adquiere la verdadera categoría de compañero, el sentido profundo que define a la concepción clásica sobre la amistad política.

Al subrayar que los derechos soberanos tienen como función proteger el principio de la vida colectiva y al admitir la posibilidad de la discordia en las relaciones entre los grupos, la soberanía altusiana culmina en el reconocimiento de la legitimidad de la presencia del mando político. La preservación del orden necesario para el conjunto de la vida pública es su contribución esencial al bien común. Así, la soberanía de Altusio, limitada y orientada por el bien común, deja de ser propiedad exclusiva del poder político para convertirse en la razón de ser de la vida política. Por expresarlo de otro modo, Altusio desarrolló su pensamiento invirtiendo la lógica de Bodino, ya que la condición de su república reposa en unos derechos de soberanía entendidos como expresión del conjunto multiforme de un tejido social asentado en la comunicación humana. Derechos de soberanía que, precisamente por ese motivo, no puede detentar uno solo, apoyo demasiado débil para soportar el peso de toda la dinámica social. La soberanía constituye, de algún modo, el alma orgánica y plural de la comunidad política y es la fuente inagotable de todas las agrupaciones que la componen.

Altusio se convierte así en un pensador determinante para justificar las potencialidades humanas de asociación y desarrollo común a la hora de plantear el modo de integración política. No reina en este conjunto de cuerpos asociados el temido caos anárquico que las instituciones estatales utilizan como talismán legitimador de los diseños artificialistas de la vida social. El orden social es compatible con la vida dinámica de los grupos y el largo espacio de libertad de que disfrutan, pues cada forma asociativa establece un órgano de autoridad competente y adaptado. La soberanía social ascendente es compatible con una soberanía política, siempre que se elabore en términos subsidiarios. Este modo de existencia común parte de una profunda preocupación por la riqueza de la vida social y por el propósito de hacer de cada hombre un ciudadano. A diferencia de la fórmula revolucionaria, impotente a la hora de encontrar la síntesis entre su idea del hombre y su idea del ciudadano, la teoría política de Altusio identifica en su visión antropológica el motor comunitario para un movimiento cívico. Prevenido contra la imagen bodiniana de la vida política, representada por la hipertrofia de unas funciones estatales que acarrean la muerte del organismo social por falta de riego sanguíneo, se puede concluir que Altusio se empeña en repolitizar una existencia humana amenazada por la despolitización estatal moderna.

¿En qué consiste entonces precisamente la función del gobierno de acuerdo con la soberanía altusiana? La razón de ser del poder de decisión política consiste en velar (*jus regni*) por el respeto de un orden justo y por la unión de todas las formas inferiores de asociación. El *jus regni* es lo que unifica la diversidad social al tiempo que consagra la legítima heteronomía del mando político. Así, sus poderes permiten afirmar que sólo el estatuto supremo (*majoris status*) o estrato último de la república posee el derecho de gobernar propiamente dicho (*jus regni*) y puede, por tanto, ser considerado un cuerpo exclusivamente político. Aunque resultan de la consideración social y política de la naturaleza humana, las asociaciones inferiores no son exactamente cuerpos políticos, pues buscan su propia autogestión y no aspiran al conjunto de los cuerpos asociados. Establece una distinción significativa –entre soberanía social y soberanía política– que Bodino ignora y que retomarán en el siglo xix y xx autores españoles bajo la tradición político-jurídico nacional heredada: la monarquía polisinodial hispánica y nuestros fueros.

Hoy estamos en el triste periodo en que la soberanía social sucumbe aplastada por la soberanía política, en que el Estado lo invade todo, porque no tiene fronteras, llega hasta los últimos límites y no admite ninguna persona que exista por propio derecho fuera de sus dominios, retrocediendo así hasta la época pagana, en que la sociedad y el Estado fueron una misma cosa.

No son palabras de Altusio, sino de Juan Vázquez de Mella. En consonancia con la tradición olvidada del pensamiento político, el conde de Montorroso distinguía entre la soberanía social (horizontal y ascendente) y la soberanía política (vertical y descendente). Y apuntaba: «La soberanía social es lo que sirve de contención orgánica, no de contención mecánica, a los abusos de la soberanía política».

Gonzalo Fernández de la Mora subrayó asimismo la matriz hispánica, si bien matizada por el calvinismo, del pensador holandés:

Altusio maneja –decía el autor de *El crepúsculo de las ideologías*– una bibliografía jurídica que, para la época, hay que calificar de inmensa: más de trescientos autores, en su mayoría contemporáneos, entre los que figuran los hispanos Baltasar de Ayala, Pablo de Castro, Diego de Covarrubias (citado sesenta veces), Juan de Mariana, Jerónimo Osorio, Pedro de Rivadeneira, Jacobo Simancas, Domingo de Soto, Francisco Suárez, Carlos de Tapia y Fernando Vázquez de Menchaca (citado 89 veces).

Como advirtió Carl J. Friedrich, recordando la afinidad de Altusio con Diego de Covarrubias, «esto ilustra una vez más la afinidad existente entre el punto de vista católico ortodoxo y el calvinista en asuntos de política. Que Althusius –concluye a este respecto– estuviera orgulloso de estar de acuerdo con este hombre (Covarrubias) justifica la idea de que consideraba sus ideas políticas como algo completamente diferente de la teología y de su credo religioso».

Para Altusio también existe una distinción entre el *jus civilis* y el *jus regni*. El primero, que consiste en el derecho de autogestión, puede excepcionalmente contradecir una decisión del *jus regni* si invade su propio terreno. Sólo en el nivel supremo de la *consociatio* se detenta el derecho propiamente político de decidir sobre el bien común general. Sólo a ese nivel se puede ejercer el poder último de decisión. El esquema de Altusio, como supo ver siglos después el teórico político italiano Gianfranco Miglio, es decisionista al modo schmittiano. Pero ese poder excepcional sólo puede ser ejercido sobre la base de derechos de autogestión corporativa y local del resto de cuerpos asociados. El magistrado supremo no es soberano en el sentido de Bodino; no posee de forma indivisible y monopolística todos los derechos de la vida social. Dispone únicamente de un mandato para ejercer una parte de los derechos de soberanía, aquellos que son necesarios exclusivamente para gobernar. El poder político respeta el principio de subsidiariedad, mientras que cada asociación ejerce un derecho específico que tampoco puede invadir las funciones estrictamente políticas.

Como puede verse, en la visión altusiana el absolutismo del poder desaparece en beneficio de un criterio de evaluación de su ejercicio. Esta visión caracteriza a cierta forma tradicional de pensamiento político que se preocupa por despojar el acto de gobernar de su naturaleza autonormativa y autojustificativa, tan propias de la comprensión moderna de la soberanía estatal. Para Altusio, el poder político, aunque necesario, depende de una norma exterior que sirve de principio evaluativo, tanto en el terreno moral como en el social. Como han señalado algunos autores, la soberanía popular y el federalismo de Altusio poco tienen que ver con el federalismo moderno de tipo estatal o la soberanía popular de matriz individualista. El federalismo de Altusio expresa la primacía de las libertades del grupo o de los derechos colectivos sobre las libertades individuales y, al mismo tiempo, su idea de la soberanía popular es incompatible con cualquier forma de centralismo democrático o de colectivismo socioeconómico.

Para Altusio es evidente que cualquier forma de vida social parte de iniciativas de tipo particular que buscan paliar diferentes necesidades humanas. Pero la visión antropológica del síndico de Emden no es pelagiana o irenista. Ciertamente, en un primer movimiento no es el conflicto lo que se experimenta como resultado de la relación social, sino más bien un movimiento de cooperación mutua. En un segundo momento sí se manifiesta en forma de conflictos y discordias la insociable sociabilidad humana, la otra cara de la moneda de la misma sociabilidad congénita. Pero estos actos de reacción son defensivos, derivados y no primeros. En términos teológicos, podría decirse que la naturaleza precede al pecado, la concordia a la discordia y la paz a la guerra. Como para el Estagirita, la relación privilegiada que debe dominar entre los ciudadanos es la concordia. Pero esta situación no es natural y, tal y como Aristóteles también admitía, a pesar de considerar al hombre como animal político, la concordia es una virtud adquirida y no dada, una virtud que debe ser ejercida para alcanzar sus frutos. Y la mejor escuela es una ciudadanía cultivada que sirve con su adiestramiento a la buena salud de la ciudad.

Así, Altusio parte del hecho constatable, no imaginado, de la presencia en la humanidad de principios de cohesión y estudia la lógica de su mantenimiento y desarrollo. El óptimo de la vida política consistiría en el impulso simbiótico, en la sociabilidad que Altusio identifica con una visión del hombre que subraya el potencial fecundo del vínculo social. La simbiosis comunitaria parte del desprecio altusiano por el hombre aislado. «Precursor de Maurras –escribe Chantal Delsol–, se compadece del hombre desnudo en su nacimiento: se diría que viene de un naufragio. Al igual que La Tour du Pin, describe al ermitaño, "sin fuego ni hogar"». Este equilibrio antropológico en la consideración de la vida social nos retrotrae a la concepción clásica de la vida política. El uso del lenguaje orgánico nos remite a la idea de la unidad armónica de todo lo vivo, una unidad que requiere también del cultivo de una segunda naturaleza que sólo se alcanza mediante la educación cívica y la ortopedia de las instituciones comunitarias.

La confianza en la naturaleza social del hombre impide que los derechos de soberanía puedan arrancarse al pueblo en nombre de una sospecha y un temor excesivos al conflicto. La vida política desaparecería si los derechos soberanos, escalonados de forma piramidal, no fueran reconocidos y ejercidos efectivamente. Si Altusio no puede ser interpretado según la lógica del individualismo moderno que culmina en el Leviatán estatal es porque, en su planteamiento, no pueden asumirse las antinomias que definen el modo cratológico de pensamiento, en particular la idea de un pueblo reconocido como soberano y al mismo tiempo sometido al poder político. Es probable que toda la historia del Estado soberano quepa en este escolio de Nicolás Gómez Dávila: «El Estado moderno es la transformación del aparato que la sociedad elaboró para su defensa en un organismo autónomo que la explota». Esta idea de metamorfosis del Estado tiene ecos orteguianos que retumban desde *La rebelión de las masas*: «¿Se advierte –se preguntaba Ortega– cuál es el proceso paradójico y trágico del estatismo? La sociedad, para vivir mejor ella, crea como un utensilio al Estado. Luego el Estado se sobrepone, y la sociedad tiene que empezar a vivir para el Estado». O también: «A esto lleva el intervencionismo del Estado: el pueblo se convierte en carne y pasto que alimentan el mero artefacto y máquina que es el Estado. El esqueleto se come la carne en torno a él. El andamio se hace propietario e inquilino de la casa». La soberanía que nace con Bodino y se despliega en Hobbes y Rousseau dirigió secretamente ese proceso histórico, que se volvió casi irreversible a medida que la máquina del Estado crecía sin freno. La idea de soberanía de Altusio no participa de ese movimiento.

Altusio parece resumir el espíritu político de la Edad Media, que no le reconocía al poder político más que un poder de pacificación y unificación. Lo decisivo en su visión de la soberanía encaja con la descripción de una comunidad subsidiaria, con el reparto y división de las funciones sociales y políticas, desde la base hasta la cúspide, entre todos los actores de la vida colectiva. Se conserva así un modo de pensamiento político que la visión cratológica del poder soberano moderno había clausurado. Un modo de pensamiento que parte del hombre como animal político y reconoce la necesidad del gobierno al servicio de un bien común que le trasciende. El contrato social hobbesiano no podría significar sino un absurdo en la teoría de Altusio: la comunidad en el sentido del vínculo, del lazo y la relación existe por naturaleza y no por convención.

Por lo demás, Altusio no ignora que todo poder tiende a desbordar sus límites e invadir el derecho reconocido a otros cuerpos inferiores. Al no ser el derecho emanación y monopolio del soberano, la comunidad de Altusio está regida por una pluralidad de asambleas y contrapesos que transparentan suspicacias y recelos hacia el gobernante. Estas comunidades sucesivas no se asimilan unas a otras y las personas, integradas orgánicamente en sus respectivas comunidades, no se alienan en el Estado, como sucede en la órbita mecanicista y matematizante de la soberanía estatal. Cada cuerpo social debe defender su ámbito de autonomía como expresión de su contribución al bien común. No se aceptan tutelas indebidas por parte del poder y, sin embargo, también se refuerza la conciencia de pertenencia a una comunidad superior que integra las diferencias y protege a todos. He aquí otro de los grandes méritos de la concepción política de Altusio. No ahonda en la despolitización desatada por la idea moderna de soberanía. Por el contrario, como advierte de nuevo Chantal Delsol, aunque el poder supremo en Altusio parece débil y objeto de una sospecha permanente, en realidad queda ampliamente reforzado. Asume la única función que ninguna otra comunidad inferior puede ofrecer: la defensa del conjunto de las comunidades. En esta función el príncipe es omnipotente. Aunque limitado en sus prerrogativas (o precisamente gracias a esa limitación), no deja lugar a dudas de que son las más importantes. La instancia pública de Altusio, ciertamente, hace pocas cosas, pero las hace con fuerza y todo el poder necesario. Justo lo contrario de lo que sucede con el Estado contemporáneo, obeso y débil al mismo tiempo. En el gobierno soberano según el pensador holandés, reencontramos la jerarquía de grados presente en

Aristóteles: aquí la familia, la corporación, la ciudad, la provincia y allí, en la cúspide, el encargado de la suprema función del mando político. Descargado de tareas subalternas que sólo podrían distraerlo de su insustituible misión, a este gobierno le sobran fuerzas para la protección y el socorro en caso de necesidad. Esta es su legitimidad, no tiene otra. Naturalmente, Altusio, que asienta la soberanía en el pueblo y no en el poder, no cuestiona el derecho de resistencia al poder tiránico, otra huella de una concepción medieval que la política moderna sepultó a conciencia (o contra toda conciencia). Mediante fórmulas orgánicas de participación popular y modos de ejercicio de una ciudadanía activa, Altusio se presenta así también como antídoto frente a ese mal profetizado por Tocqueville: el riesgo del despotismo democrático.

En efecto, frente al miedo social de Bodino a la anarquía y frente a su apuesta por la unidad absoluta del principio soberano para asegurar la cohesión del conjunto en medio de conflictos y discordias, Altusio manifiesta una sensibilidad diferente, sensibilidad que, en cierta forma, resulta visionaria. Lo que pretende combatir es el riesgo de que el rey o una asamblea, al arrogarse el poder supremo, pueda destruir a la comunidad que gobierna. Incluso al nivel del gobierno supremo, el poder no debe encontrarse nunca entre las manos de un solo órgano. Altusio reconoce, como contrapeso a la posible arbitrariedad del gobernante, la presencia de un cuerpo gubernamental compuesto por una instancia colegiada (los éforos) elegida por el pueblo. El pueblo comparece y es representado así ante el poder (fórmula clásica) y no mediante el poder (fórmula estatal moderna). Los éforos ostentan el poder de controlar la validez de las iniciativas tomadas por el príncipe, evitando de este modo los abusos o injusticias del magistrado supremo. Su labor de vigilancia y control garantiza el ejercicio del gobierno conforme a las exigencias del bien común y los límites establecidos sin por ello negar su necesaria actuación si el contexto lo exige. La magistratura suprema dispone de una indiscutible supremacía, supremacía indispensable para garantizar su independencia, independencia indispensable para asegurar el bien común del conjunto. El gobernante está al servicio de un pueblo que es motor de su propio desarrollo. Es un director de orquesta que no tiene vocación de suplantar a toda la orquesta. La soberanía política no puede colonizar la soberanía social, pero la soberanía social tampoco puede diluir la soberanía política. Es la misma visión farmacológica de la política que los romanos llevaron a su máxima expresión con la institución republicana de la dictadura, cirugía de emergencia en previsión de las peores crisis y riesgos colectivos: *salus populi suprema lex*. El poder es una pócima que puede curar o matar. Todo depende de la dosis adecuada.

Al término de nuestro análisis de la teoría de Altusio sobre la soberanía, podemos observar cómo una representación de los derechos de soberanía compartidos entre el conjunto del pueblo organizado culmina en una forma de democracia de tipo corporativo. Al concretar una noción de ciudadanía, Altusio evita hacer de ella un concepto vacío descargado de toda implicación efectiva. Para Altusio el pueblo, por naturaleza, y cronológicamente, es primero y superior a aquello que constituye. Así, la soberanía sólo se realiza a lo largo de toda la cadena asociativa que expresa la rica diversidad de la vida social. Al no quedar la vida social en manos de las instancias propiamente gubernamentales, los hombres conservan su aspiración a la vida pública. Los hombres son animales políticos que toman consciencia de su labor concreta e insustituible para la realización de un bien común cercano y presente. No sienten que esa tarea escape a su responsabilidad, no viven pasivamente como sujetos ajenos a una política impuesta desde el exterior. No viven refugiados en la vida privada (*idiotai*). Al contrario, sólo estimulando el espíritu de iniciativa y de autonomía, conforme a una comprensión subsidiaria del poder, puede una república digna de tal nombre existir. Altusio utiliza el mismo argumento que Aristóteles: la participación en la vida política permite a los hombres alcanzar una autoestima que no se puede ignorar. El tipo de autoestima que les convierte precisamente en ciudadanos.

La visión de Altusio no resulta de la imaginación utópica; es un pensamiento fundado en una experiencia inmediata y una realidad histórica. Pero esta visión también está cargada de futuro, por mucho que parezca inconcebible que la forma imperial admita traducción en una república contemporánea. Otto de Habsburgo aspiraba a una forma de restauración de la idea de imperio en el proyecto de construcción europea. Su voz no fue escuchada, al igual que la de Altusio. La distinción entre el poder constituyente y el poder constituido, el derecho de voto y participación como base de la legitimidad popular del poder, el derecho de resistencia a las órdenes injustas en las injerencias indebidas, la noción de representación, todo ello son aportaciones interesantes a la concepción republicana del poder. Frente a la oposición moderna entre orden y libertad, la teoría de Altusio logra conjugar ambas en una armonía estructurada a partir de una concepción antropológica, social y política que no fue la brújula que dirigió el curso de la vida histórica moderna.

LA SOBERANÍA MODERNA CONTRA EL BIEN COMÚN

Ya quedó claro el criterio de Koselleck sobre el proceso que conduce desde la palabra hasta el concepto político. Sin embargo, lo que caracteriza una aproximación histórico-conceptual es la conciencia de que el aparato conceptual que usamos no es universal, sino que está mediado por el nacimiento del mundo moderno y, con él, de su particular visión de la realidad política. La oposición entre la tradición que arranca en Bodino y se prolonga en Hobbes y Rousseau frente a la tradición que encarnan Altusio o la escuela española no se reduce a diferencias sobre la interpretación de una particular idea. Engloba dos concepciones del hombre y el mundo diferentes. No hay conceptos políticos que atreviesen épocas diversas y queden connotados de modo diferente en función de la fisionomía y el paisaje moral de cada periodo histórico. Más bien existe una época de los conceptos modernos, pues la conceptualización ya resulta de un modo particular de aproximación a la vida humana y social que repercute en la comprensión de la política. Así, existe una red de conceptos políticos propia y exclusiva de la época moderna. Esta red no se puede extraer de su contexto de sentido para injertarla en otras épocas. Esta sencilla regla habría evitado los cronocentrismos hermenéuticos y los anacronismos terminológicos que llevaron a algunos ilustres autores a hablarnos, por ejemplo, de Estados romanos y griegos. En la historia de las ideas, es central la cuestión de la disolución del mundo antiguo y el surgimiento del mundo moderno. Y en el concepto moderno de soberanía se puede identificar una más (entre otras) de las manifestaciones de la transformación de la relación del hombre con el mundo, la sociedad y la política. Las transformaciones del sentido y el alcance de la soberanía moderna constituyen, en cierta manera, el nacimiento de un nuevo mundo conceptual. Aparecen palabras nuevas y las viejas adquieren también un significado diferente al tradicional o clásico. Mientras la libertad de los antiguos ya no es la de los modernos, términos como «democracia», «revolución», «república» o «historia» establecen rupturas de sentido que marcan el horizonte de un nuevo mundo de aspiraciones que se expresará principalmente a través de los proyectos políticos modernos.

Nos interesa en este sentido entender si el nuevo y moderno concepto de soberanía es compatible con la idea clásica del bien común. Para la filosofía clásica el vínculo con el otro implicaba un crecimiento del ser. Esto es precisamente lo que se rompe con el círculo de la conceptualización moderna, que ve en el otro un riesgo o una amenaza. En Grecia nace un modo teleológico de pensamiento con implicaciones políticas decisivas. El crecimiento desde la humanidad salvaje hasta la humanidad plena, encarnada por el ciudadano, indica que la pertenencia a grupos sucesivos (que parten de la familia hasta llegar a la comunidad política) eleva al hombre desde la mera vida (supervivencia) hasta la vida buena en la *polis*. Obsérvese el cambio de paradigma en el recelo moderno hacia los grupos, que alcanzará su mayor expresión en la Ley Le Chapelier durante la Revolución francesa. Para el ideal utópico-emancipatorio que se expresa en el iusnaturalismo político moderno, los hombres no viven como deberían vivir según su genuina naturaleza. Los grupos en los que viven son uno de los obstáculos principales para alcanzar su verdadero ser. De ahí la idea moderna de libertad, que termina donde empieza la del otro.

El Estado liberal, en este contexto, siempre sospechó de los grupos y las corporaciones como agentes tiránicos; buscó disolverlos o prohibirlos. El Estado se ve a sí mismo como emancipador frente a las cadenas de los cuerpos intermedios, residuos de una sociedad feudal y desfasada. Se olvida que ese fue originariamente el resultado del *laissez-faire*, que, lejos de limitar al Estado, lo entronizaba en toda su omnipotencia frente a la multitud gregaria de individuos aislados e impotentes. Frente al individuo así hipostasiado, sólo cabían dos alternativas: o bien dejarlo enteramente libre y subjetivamente soberano (estado natural precontractualista), o bien tutelarlo como un niño (estado social poscontractualista). La desproporción entre semejantes interlocutores es demasiado grande para permitir cualquier forma de comunicación. Ni el bien común ni tampoco la subsidiariedad podrían acomodarse en el proyecto arquitectónico moderno. La edificación del Estado totalitario del bienestar fue la consecuencia histórica casi natural de semejantes cimientos teóricos.

En la nueva cosmovisión antropológica (más bien antropoteísta) no cabía la idea de bien común. El bien común presupone, en primer lugar, una finalidad objetiva de la totalidad social en la que se integran los hombres y los grupos. En su lugar, las libertades modernas atribuyen al Estado o al individuo subjetivo la definición voluntarista de tales finalidades. Se ha transformado completamente el marco de la metafísica social. La comunidad clásica es holista y orgánica; se compone de grupos, no de individuos. Sólo los grupos pueden reclamar una cierta autonomía. La libertad es, fundamentalmente, la de los grupos (ciudades, corporaciones, cuerpos intermedios), que, simbióticamente, permiten el crecimiento en el ser de las personas que los integran a través de los vínculos creados. En los grupos se experimenta con naturalidad la realidad que el bien común presupone, la comunión que el vínculo establece entre los hombres mediante la comunicación del bien. El bien común dibuja el escenario real de un conjunto de condiciones de la vida social que permite el logro de su propia perfección a las personas y las familias, a quienes se reconoce el protagonismo que supone tejer el entramado de las relaciones grupales. Por supuesto, podría reprocharse a esta visión el error de haber fijado en una fotografía estática el dinamismo que debería asociarse a una sociabilidad humana siempre abierta a las modulaciones históricas. Pero, más allá de esta justificada objeción, la metafísica clásica en ningún caso admitiría el marco conceptual moderno, caracterizado por ese clima de sospecha hacia a un universo de finalidades objetivas que no responden a la construcción artificial de una colectividad pretendidamente representativa de la voluntad de los individuos. Al considerar que sólo existen individuos, el nominalismo atacó cualquier forma de metafísica antropológico-social. Si esta no fue necesariamente la premisa de Bodino, sí fue la del contractualismo social de Hobbes y Rousseau. La nueva tendencia atomista, voluntarista y constructivista alteró radicalmente el curso de la civilización europea, también en un sentido político. Aquí el impacto de dos tendencias medievales se revelará particularmente disolvente: el nominalismo de Ockham, germen del individualismo moderno, y el voluntarismo de Escoto. La metafísica teleológica se disuelve y, tras la navaja del fraile franciscano, sólo quedarán los individuos. Solos ante el Estado.

Para la nueva tradición de la voluntad y el artificio, el presupuesto psicosocial del miedo desempeñó un papel decisivo como fundamento del Leviatán moderno. El nuevo poder estatal era incompatible con la tradición de la comunidad política y con la idea del bien común, un bien que se comunica, que se comparte, mejor aún, que nace en esa comunicación porque, si no se comunica, no existe. Por eso el bien común o bien desaparece del lenguaje político, o bien se mantiene como una rémora residual. No puede sobrevivir en el nuevo clima. En efecto, las antropologías modernas, que sirven de premisa al modo cratológico de pensamiento, rechazan esta visión. El hombre como lobo para el hombre hobbesiano se transformará en el hombre que, aun naciendo libre, vive encadenado por doquier, sustrato mental del mito del buen salvaje rousseauniano. En contraste con el modo estatal de pensamiento, el fundamento de la tradición clásica del gobierno no es el miedo, sino la consciencia de la dependencia y el vínculo natural que hacen posible la sociabilidad. Esta consciencia de dependencia no es incompatible con el respeto a la heteronomía del mando político, algo que también opone la cosmovisión política moderna y la clásica.

La consecuencia de todo lo anterior es que el Estado moderno no contempla su fundamento soberano como un principio que admita el establecimiento de una finalidad cualquiera. Al contrario, el Estado liberal, por muy soberano que sea, se niega a sí mismo cualquier otro fin que no sea el de la garantía y arbitraje de los fines particulares de los sujetos individuales. Naturalmente, la idea de bien común deviene aquí quimérica, una esencia platónica según la visión nominalista. Por lo demás, la filosofía aristotélica de la finitud desapareció en beneficio de la filosofía del progreso. La utopía ocupó el espacio vacío que había dejado el bien común. Ya no se trataba de un bien real y concreto al alcance de hombres de carne y hueso, sino de un ideal que exigía la construcción de un hombre nuevo. A esa tarea se entregó el Estado revolucionario, en parte nostálgico de la comunidad que había destruido. Los nacionalismos y socialismos modernos descienden de esta curiosa paradoja histórica. El ideal teleológico de perfección (de la vida a la vida buena) queda eclipsado por el nuevo dios de la emancipación, que se propone la construcción de un hombre nuevo planificada por el Estado.

No es difícil adivinar el rol que la soberanía moderna viene a cumplir en el nuevo mundo de los conceptos políticos modernos. En el modo cratológico de pensamiento, el poder político, que excluye la idea de comunidad política y de pueblo en un sentido histórico, está fundado en los individuos mediante la construcción artificial que nace del contrato social. En el nuevo horizonte moderno de la voluntad y el artificio no cabe la famosa alegoría sienesa del buen y el mal gobierno. Por el contrario, la conocida imagen del frontispicio del Leviatán hobbesiano, que supone la disolución del mundo basado en la justicia y la virtud, encaja como anillo al dedo con ese horizonte. Con la nueva ciencia política, el ámbito temático de la política clásica (la vida buena, el bien común, el buen gobierno y la virtud del gobernante) desaparecen de la escena. En la metáfora antigua de la *gubernatio navem rei publicae*, la acción del mando político que define al gobernante virtuoso sólo es posible según la existencia de un mundo que marca la brújula moral. Pero el «mundo noble» del que habló Brunner se resquebraja con el nacimiento del mundo moderno. Una vez derrumbado ese mundo objetivo compuesto de orígenes, fines, virtudes y fundamentos, la nueva ciencia política de matriz hobbesiana diseña en su lugar un edificio construido artificialmente gracias al espejo del derecho natural moderno. Se desprecia a los hombres tal y como son; sólo se imagina a los hombres tal y como deberían ser. La realidad de los grupos humanos, por muy avalada que haya sido por la experiencia, la historia, la tradición o la costumbre, se ignora deliberadamente. La ciencia política moderna nace de un acto fundador, una tabula rasa que elimina, como lecho de Procusto, todo lo que desborda del cálculo propio de la racionalidad formal. La estratagema teórica del estado natural de la humanidad niega el cosmos objetivo y reorienta el cometido del poder político en función del diseño de un nuevo mundo social, un mundo adánico e inmaculado en cuyo espejo se mira y evalúa la sociedad artificialmente planificada. La antropología hobbesiana no sólo es individualista y atomista; también es igualitarista. Las agrupaciones son irregulares e injustas porque heredan jerarquías y estatus incompatibles con la navaja social nominalista, que sólo contempla individuos perfectamente intercambiables. A esta imagen del hombre también está asociada una idea de libertad opuesta a la heredada de la tradición clásica. Puesto que la autoteleología moderna excluye la presencia del prójimo (a quien se ve como enemigo por naturaleza, *homo homini lupus*) para la perfección en el bien, la libertad no crece con aquel ni progresa con este, sino que se define en función de la eliminación de los obstáculos que obstruyen la independencia entendida como afirmación de la propia voluntad. En ese sentido, la imagen clásica del gobierno no puede pasar el filtro de legitimidad que la modernidad consagra: todo gobierno bendice con su sola presencia una situación en la que los hombres son injustamente dependientes de los demás. En otras palabras, se encuentran sometidos a una voluntad que no es la suya. Según este esquema, no existe una relación natural y necesaria de mando y obediencia. Aquello que una larga tradición de pensamiento venía refrendando desde el origen mismo de la filosofía griega, a saber, que unos hombres gobiernan y otros son gobernados, queda erradicado como idea. Sencillamente, el sistema operativo, la lógica misma de los conceptos políticos modernos invalida el presupuesto esencial del gobierno de algunos hombres sobre el resto. Para entender la soberanía moderna es necesario tener presente este presupuesto formal, que ciertamente no nace con Bodino, sino con el autor del *Leviatán*. Todo énfasis es poco a la hora de reconocer la ruptura que este concepto hobbesiano de soberanía supone para la tradición política occidental. Como escribió Oakeshott, «si esta es la doctrina de Hobbes, entonces Hobbes dijo algo que lo unió al futuro». Si se desmonta la idea del gobierno del hombre sobre el hombre, parece necesaria la construcción voluntaria de los individuos (individuos ajenos a cualquier forma de comunidad política previa, átomos presociales que no componen pueblo alguno) de una entidad artificial llamada a imponer los términos del contrato fundador de una vida social inexistente hasta ese momento. En *La estructura de la filosofía política moderna*, De Muralt ya señalaba que la *potentia Dei absoluta* de Escoto prefiguraba en el ámbito teológico la disolución de la noción racional y teleológica (o causa final) del bien común. No es extraño que Oakeshott afirme que las primeras piedras de este camino fueran colocadas por los teólogos. La voluntad del Leviatán es absoluta porque no está condicionada o limitada por ninguna norma, regla o racionalidad. Porque tampoco tiene ningún plan o fin que la determinen. Leviatán es un fin y un principio, dice Oakeshott: es florecimiento del pasado heredado de la ruptura nominalista y voluntarista, así como semillero del futuro.

Como es sabido, Hobbes llama derecho natural precisamente a esta ausencia de obligación de la voluntad del poder. Es un derecho original y absoluto porque no deriva de alguna ley superior que pudiera limitarlo, orientarlo o condicionarlo. Así como la naturaleza es la creación libre de la voluntad absoluta de Dios en sentido escotista, la asociación civil del Estado es artificial y, por tanto, ilimitada en tanto que creación libre de las voluntades individuales reunidas por el contrato social. ¿Quién es el soberano? El soberano es el producto de esa voluntad creadora, *ex nihilo*. Aquí sí, al igual que para Bodino, esa soberanía consiste esencialmente en el derecho de hacer leyes. Pero, en este caso, de hacerlas por la voluntad. Por lo tanto, el soberano que viene de Bodino y se refuerza con Hobbes no está sujeto a la ley. Tampoco está sujeto a la razón. Está preparado el camino para que el soberano llegara, con Rousseau, a fundirse con la voluntad general.

La eliminación del bien común anula naturalmente el estado intelectual, la atmósfera política en la que se justificaba el ordenalismo medieval y todo debate sobre el derecho de resistencia. La nueva idea moderna de soberanía también impide que tenga algún sentido ya la antigua distinción de las formas de gobierno. Al igual que los grupos humanos desaparecen del ángulo de visión de la perspectiva política moderna, tampoco la idea de pueblo encuentra sustento real en una teoría como la hobbesiana, que hace del solipsismo y la incomunicabilidad natural su fundamento teórico. Hobbes asimiló la tradición nominalista del escolasticismo medieval (individualidad y voluntarismo) y la transmitió al mundo moderno con mayor fidelidad que ningún otro escritor político de su época. Ni antes ni después del establecimiento del contrato social hay una cosa tal como el pueblo. El pueblo, al que tantas teorías medievales y modernas (como la escuela de Salamanca o Altusio) reconocían la soberanía, se evapora en la galaxia conceptual moderna, pues la asociación política debe ser generada únicamente por actos individuales de voluntad. En tal asociación no hay ni puede haber un bien común. Su unidad, completamente ficticia, reside sólo en la hipótesis de la transubstanciación de las numerosas voluntades conflictivas en la voluntad del soberano-representante, erigido en poder político sólo en virtud del mito legitimador en que consiste esa identificación teórica y abstracta.

En la idea tradicional, que a diferencia de la concepción moderna respetaba la heteronomía del mando político que la ficción voluntarista de Hobbes excluyó, el pueblo no era considerado pasivo ni sumiso por la *superioritas* jerárquica del gobierno. Al contrario, el pueblo, que se expresa a través de sus órganos colegiales, es una realidad previa al sumo magistrado, al que instituye y, por la misma razón, puede controlar y deponer. El amotinamiento puede ser legítimo en determinadas circunstancias. Se reconoce el derecho de resistencia y se justifica el tiranicidio en contextos excepcionalmente graves para el bien común y la salvación de la *res publica*. Todo esto es posible precisamente porque el mando no se confunde con el cuerpo colectivo, como de hecho sucede en la soberanía moderna. La acción del pueblo no se expresa en el gobierno, sino frente al gobierno. Justamente en cuanto que no gobierna el pueblo puede estar políticamente presente, algo que no se puede llegar siquiera a pensar a partir del nexo moderno entre soberanía y representación que nace de la concepción abstracta y desencarnada de un presunto «pueblo» entendido como totalidad de individuos iguales.

Del mismo modo en que el pueblo no puede ser ya un sujeto real que precede y limita al gobierno, la idea de república se transforma en virtud del concepto moderno de soberanía, que elimina a los grupos y su función orgánica en el cuerpo común.

El pensamiento clásico sobre la *res publica* establecía, gracias al pegamento social que representaba el bien común, la unión de las finalidades que cumplían los diversos grupos, asociaciones y estamentos en sus respectivas relaciones al servicio de la comunidad política. El problema era el del buen gobierno de la nave, que no se puede resolver sobre la única base de la legitimidad formal del gobernante. El bien común representaba la finalidad compartida de las distintas formas de gobierno, que se corrompían al apartarse de él. El cuadro de realidad no dependía de la voluntad, sino de la razón y la virtud del gobernante partiendo de la premisa de la comunidad de bienes y fines. Al fundir al poder político con la representación, el concepto moderno de soberanía descarta la metáfora orgánica representada en la antigua iconografía, baluarte de una concepción de la república como cuerpo articulado y dirigido por la cabeza del gobierno. La metáfora moderna de matriz hobbesiana prescinde de las partes en el cuerpo común (los grupos que sirven a la república) y en su lugar establece la igualdad de individuos desvinculados que fundan a partir de un acto único de voluntad un poder al mismo tiempo soberano y representativo. La representación se produce en el poder y no ante el poder, tal y como sucedía en cambio en el pensamiento clásico y medieval. El resultado de este esquema general que subyace al nacimiento de la soberanía estatal moderna no deja lugar a dudas. El pueblo no puede comparecer como actor de la vida política y la antimetafísica nominalista del individualismo moderno anula toda posible afirmación de la idea de un bien común.

Bodino, aunque demasiado medieval para ser considerado el padre verdadero del concepto moderno de soberanía, anuncia en cierta manera a Hobbes. Para él sin poder soberano hay anarquía; sin él no habría sociabilidad ni comunicación del mismo modo en que para Hobbes no hay vida civil ni sociedad sino después del contrato social. La crítica de Jacques Maritain sigue una línea parecida. El poder político moderno y soberano es extranjero a la sociedad (*surplombant*), pero al mismo tiempo es lo que permite que exista la sociedad. La exterioridad de la soberanía arcaica de los reyes sagrados alcanza su paroxismo. Hay aquí una paradoja de la doble condición del poder moderno, inmanente y trascendente (o, si se quiere, de una trascendencia que nace de la inmanencia), que probablemente esté en el origen de las derivadas totalitarias que laten en su seno. Este totalitarismo latente del Estado moderno es algo así como la otra cara de la moneda de su presupuesto ontológico anarquista. En efecto, lo que representa perfectamente la tradición clásica del gobierno es la metáfora del capitán de la nave. Para esta tradición de la naturaleza y la razón que defiende la heteronomía natural del gobierno, la confusión entre gobernantes y gobernados nunca podría ser un valor, sino más bien falta de *arché*, es decir, anarquía. La paradójica trascendencia inmanentista que, con la soberanía estatal moderna, edifica al Leviatán hace que el monstruo bíblico asuma, especialmente a partir de la puntilla rousseauniana de la voluntad general, toda la politicidad. Al identificarse totalmente con lo político en realidad busca suplantarlo, despojándolo de todo carácter personal. Esta impersonalización del mando que nace de la despolitización anarquizante en que consiste el mito del estado de naturaleza muta en politización agresiva como consecuencia de la identificación ontológica entre la voluntad contractualista de los individuos y la voluntad del Estado artificialmente creado por aquella. Como ha escrito Dalmacio Negro, «en cierto sentido, es, pues, la soberanía lo que tiende a separar al Estado de lo político y a despolitizarlo».

Todo el pensamiento político posterior a Hobbes, desde Locke hasta Rousseau, sucumbió al embrujo de la gran mecánica del autor del *Leviatán*, de la perfecta arquitectura lógica que no admite en todo el edificio social sino a dos personajes: el individuo temeroso y el soberano omnipotente. Del miedo a la seguridad por una fuerza que nace de la voluntad racional: he aquí el esquema principal de este entramado lógico-formal, matemático, de la gramática hobbesiana. La dualidad individuo-Estado resume las tendencias de una época a la que llegan las fuerzas victoriosas del pasado (nominalismo y voluntarismo en sede teológica), que transmiten al futuro el nuevo horizonte político de la historia. El balance de este recorrido, que conduce a la entronización histórica de la soberanía moderna, queda magistralmente resumido en estas palabras de Bertrand de Jouvenel recogidas en su ensayo sobre la soberanía:

> La idea de una entidad absolutamente dueña de regular todas las conductas ha penetrado con fortuna en la ciencia política. Es la soberanía en sí, cuya existencia ya casi nadie osará negar, y que se tratará solamente de dividir o de atribuir a quien pueda hacer de ella el uso menos peligroso. Pero es la idea misma la que es peligrosa.

La despolitización en que consiste el moderno concepto de soberanía se advierte ya en su antropología. La soberanía hobbesiana está estrechamente relacionada con una idea antipolítica de libertad, entendida como mera autonomía. En efecto, conviene recordar que la libertad es definida por Hobbes como ausencia de impedimentos externos: «Un hombre libre es quien, en las cosas que puede hacer por su fuerza e ingenio, no se ve estorbado para realizar su voluntad». Según este concepto, la libertad no existe en el estado de naturaleza; requiere obligatoriamente del estado civil creado por el poder para impedir el choque entre los individuos. Es la metáfora hobbesiana de la carrera de los atletas en los carriles asignados por las leyes, entendidas como mandatos del soberano. Esto es lo que origina la libertad de los individuos. Es fácil observar la oposición con la clásica idea del gobierno. Emancipando a los hombres de la relación de gobierno y de la sumisión a él, el poder los hace libres, algo que ya recuerda (anuncia) la idea de Rousseau de una voluntad general que obliga a los hombres a ser libres. Se ha podido decir que en la compleja doctrina política del calvinista ginebrino culmina el inmanentismo que acompaña la larga marcha del Leviatán en la historia moderna. Lo decisivo es que con ella desaparecen lo político, fusionado desde entonces con la moral, y la política, transformada en mera administración.

Por lo demás, la igualdad del estado natural que hace irracional el gobierno está en la base de una construcción puramente mental que se caracteriza por su pretensión de exorcizar el conflicto que caracteriza un estado no civil. Al extirpar hobbesianamente los conflictos en el orden interno mediante el expediente racional del contractualismo, la política sólo podría sobrevivir en adelante en el marco de las relaciones exteriores. Aquí se expresa la fobia antipolítica y característicamente moderna al conflicto. Se pretende absorber y evacuar racionalmente el mal, convertido en mera hipótesis lógica incompatible con el estado civil nacido del contrato social. En el sistema moderno que arranca en Bodino, se consolida con Hobbes y culmina en Rousseau, el soberano se concentra en la creación de las leyes, la legislación que suplanta al derecho. En efecto, la legislación, monopolio jurídico del Estado, poco tiene que ver con la idea clásica del derecho. En la legislación, a diferencia del derecho, ya no se expresan conflictos. De ella sólo emanan normas de conducta. El soberano rousseauniano se ha despolitizado completamente, ha culminado el proceso que derivaba de la identificación entre lo político y lo jurídico propia de la soberanía bodiniana. Claramente, el esquema moderno apuesta por el modelo espartano del legislador Licurgo y se aparta de la idea romana, que, desde la fundación de Rómulo y Remo, incorpora el conflicto a la vida política. Frente a la concepción romana y agonística de la vida pública, el sistema moderno afirma al poder político mediante la despolitización en nombre de una mera voluntad de coexistencia que asegure la supervivencia. La frase de Montesquieu, que advertía del riesgo de tiranía en las ciudades en las que no se oye el ruido de ningún conflicto, retumba desde el origen del contrato social moderno, que comporta el mito de la identidad sustancial entre aquellos que ejercen la coacción y aquellos que son sometidos al mando.

En esto consiste la idea de poder que se construye en virtud de la soberanía moderna. La obediencia se debe al soberano sólo en cuanto que él es representante y, por tanto, expresa la voluntad del cuerpo social. Esto explica una nueva y desconocida forma de hiperlegitimidad del poder que es típica de la mitología política moderna. Una mitología que excluye la desobediencia y el bien común como criterio final de legitimación. No se puede controlar al poder en este nuevo escenario porque se produce la identificación entre el soberano y el representante y, por consiguiente, la identidad entre los súbditos y el soberano. La voluntad soberana es legitimada por la ficción de que en su base está la voluntad de todos. Es autorizada (autorización) porque en la voluntad soberana todos somos autores. La obediencia cambia completamente de sentido. No es obediencia a otro, príncipe o gobernante, sino que significa obediencia a la propia voluntad. No obedecer sería tan absurdo como no querer lo que se quiere, un imposible lógico, una forma de esquizofrenia. Quizá encontremos aquí el origen remoto de la medicalización del disidente político que tanto se practicó en los universos totalitarios del siglo xx.

La fundación del poder desde abajo y la proveniencia del contenido de la orden desde arriba (la paradoja inmanente-trascendente) son dos aspectos interdependientes del poder moderno. Este embrión de la idea democrática (más bien democratista) de consenso excluye el esfuerzo medieval por justificar la posibilidad de disentir de la acción del gobierno. No tiene nada de extraño. El Estado, concebido conceptualmente como antítesis de la guerra civil, asume la misión de la neutralización de la política, política que supone la aceptación y encauzamiento de un modo agonístico de existencia colectiva. Implica, por tanto, conflicto, debate, alternativas y, a la postre, decisiones no establecidas de antemano. En definitiva, el reconocimiento de un pluralismo vital, natural o espontáneo, del que la (anti)política moderna pretende emancipar al hombre para abrazar una nueva forma de vida. No es casualidad que la tecnocracia, entendida como sistema automático de aplicación de las reglas establecidas por la maquinaria estatal, haya reemplazado a la discusión, al disenso y a la decisión. Representa el último episodio de este largo trayecto histórico.

En el nuevo escenario de las identidades ficticias inherentes al contractualismo social, no se permite siquiera la posibilidad de juzgar el contenido de la ley a la luz del bien común. En el esquema medieval se estipulaba un acuerdo en el que el pueblo, aunque prometía obediencia, permanecía como sujeto político realmente presente. Una presencia anterior al pacto y que le permitía actuar más allá del pacto. Esto es sencillamente impensable en un contexto en el que el soberano no es tanto parte contrayente que tiene al pueblo frente a sí, sino más bien producto del contrato social. Aquí no hay en realidad pacto entre el pueblo y el gobernante porque el «pueblo» (más adelante será la nación política) se constituye precisamente en el momento en el que es creado el soberano. No hay en realidad transmisión de poder porque no se reconoce ninguna forma de poder político previa en los sujetos contrayentes. El poder político es generado por el contrato social: determina una realidad nueva ausente antes.

En síntesis, la idea de soberanía engendrada en el seno de la cratología estatal moderna supone una ruptura radical con el espíritu propio de la tradición clásica de la naturaleza y la razón, en el que la idea del bien común ocupaba, ontológica y axiológicamente, un lugar central. El bien común representaba para la tradición occidental del pensamiento político el norte de una reflexión siempre abierta a la experiencia de la realidad concreta y de la historia como *magistra vitae*. Esta es la tradición del gobierno a la que la forma política estatal, con su consustancial modo de pensamiento, hirió de muerte, especialmente a partir de la ruptura histórica y sociológica de la Paz de Westfalia, que vino a consolidar en el terreno de los hechos la ruptura protestante, el contractualismo social y la idea moderna de soberanía a través del principio *cuis regio eius religio*. Se ha dicho que los gobiernos dan lugar a formas y los Estados a sistemas. Es un modo de decir que el racionalismo conceptualista de la ciencia política moderna sólo contempla soluciones, mientras que la tradición clásica occidental asume la inacabable tarea de la comprensión de la acción del gobernante a la luz de lo bueno, de lo justo y de lo real. Esta tarea, irreductible a la abstracción de cualquier teoría apriorística o sistemática, es consanguínea a la comprensión de lo humano en toda su amplitud, especialmente en la condición problemática e irresoluble de las relaciones sociales, amistosas y conflictivas a partes casi iguales. Por el contrario, la tradición de la voluntad y el artificio del modo de pensamiento estatal persigue la evacuación del mal mediante un exorcismo formal de tipo lógico-racionalista. Inevitablemente, las tradiciones políticas, tanto la del gobierno como la del Estado, segregan su forman de pensar el mundo, el hombre y, por tanto, la política. Lo decisivo aquí es que la idea de soberanía del Estado moderno expresa un modo de pensamiento insolidario con la tradición política de Occidente. La historia de la modernidad ha heredado, en sus distintas expresiones parciales, esta ambición y ha discrepado más bien en cuanto a los medios para alcanzar ese objetivo. Tanto los liberalismos ajenos a la tradición occidental como los socialismos científicos, utópicos o mesiánicos parecen coincidir en el lema saintsimoniano: sustituir el gobierno de los hombres por la administración de las cosas. El individualismo inmanentista y el artificialismo de una antropología igualitarista y voluntarista, que partía del nominalismo escolástico medieval, redireccionaron la idea de soberanía de Bodino, que ya había fundido en sí misma la *potestas* del mando con la legislación que brota del poder político. Se quebraba así el sentido de la tradición del gobierno, compatible con la *omnipotentia iuris* del derecho, con el *ethos* del pueblo y la religión.

Bodino y Altusio deben verse como expresiones simbólicas de dos modos contrapuestos de entender la soberanía. El legista francés anuncia el gran artificio del Estado, que se confirmará con el despliegue de los contractualismos sociales hobbesiano y rousseauniano. En la tradición de la voluntad y el artificio, el concepto de soberanía será explotado tanto por el modo de pensamiento cratológico como el utópico-futurista. Centralista, monopolista de la política, inorgánico y constructivista, el Estado soberano moderno excluye por definición al hombre concebido como *zoon politikon*. La soberanía derrotada junto a la tradición clásica es farmacológica, orgánica, pluralista y respetuosa de la subsidiariedad. Es policéntrica; admite distintas formas de soberanía (jurídica, social o religiosa) junto a la política. Esto último, lejos de debilitar el ejercicio del mando político, lo refuerza. Al descargarlo de adherencias impropias de su genuina naturaleza, elude las derivas impolíticas y antipolíticas que afectan a la soberanía de matriz estatal. La soberanía de Altusio es la de un director de orquesta: no es nadie sin la orquesta ni la música, sin el pueblo y el *telos*. Pero junto a ellos asume la alta e insustituible tarea del mando político, la *gubernatio navem rei publicae*. Con acordes y desacuerdos, la soberanía altusiana es una sinfonía popular. La soberanía moderna, por el contrario, es monocorde y sólo admite un único instrumento mecánico que construye sus cada vez más ruidosas partituras con una gramática artificial, celosa y, a la postre, enemiga de cualquier nota discordante que desafíe el frío esperanto de ese monstruo artificial que Hobbes bautizó como Leviatán.

CRISIS Y FUTURO DE LA SOBERANÍA

Tras repasar resumidamente los matices históricos que han incidido en la construcción del concepto de soberanía, conviene interrogarse sobre su proyección de cara al futuro, en particular en el espacio europeo, donde tal concepto nació y se desarrolló hasta el punto de llegar a ser considerado seña de identidad de la modernidad política. En un mundo globalizado, en el que la interdependencia es cada vez mayor tanto en el plano cultural como en el económico y financiero, la idea de soberanía política definida como expresión de particularismo e independencia parece estar herida de muerte. Sin embargo, la idea sobrevive como expresión de la legitimidad democrática y es también reconocida como operador jurídico en el marco del derecho y las relaciones internacionales. Esta falta de correspondencia entre la evolución de la realidad histórica y los conceptos que todavía sobreviven para describirla puede empujarnos a creer que este desajuste no puede durar demasiado. Es difícil predecir cuánto. Todo dependerá de la influencia de lo inesperado en la historia, influencia que suele superar los cálculos tanto de los agoreros como de los deterministas.

Uno de los escolios de Nicolás Gómez Dávila reza: «Las ideas que menos influyen en política son las políticas». En todo caso, la historia de las ideas políticas no puede tratarse sin atender al movimiento general de pensamiento que las condiciona. Es este movimiento general el que imprime su sello *in the long run*. Es este proceso más amplio el que hemos pretendido restituir en los capítulos anteriores. Sin embargo, de cara a una posible proyección de las posibilidades del presente en un horizonte futuro, conviene no dejarse arrastrar por un tipo de tentación habitual de las historias de las ideas: el de las narraciones coherentes y lineales. Las épocas de crisis como la nuestra sirven precisamente para desdeñar la noble genealogía de las ideas, tanto en su dimensión histórica como metafísica. El tratamiento de la política requiere afrontar la inextirpable contingencia de la acción. No puede haber en la reflexión política simple deducción a partir del veredicto impuesto por el tribunal de la historia, como si esta sólo fuera mera repetición de lo mismo y no eterna acogida de lo inesperado. Tampoco el discernimiento político debe dejarse arrastrar por el espejismo de un determinismo justificado por la ontología, como si esta no incorporara el axioma de una condición humana indeterminada por el vértigo de la libertad.

Escribió Sheldon Wolin con gran agudeza que las grandes teorías políticas del pasado surgieron como respuestas a una crisis en el mundo. No se preocuparon de ofrecer imágenes que correspondieran como mano en guante a esos mundos deteriorados, sino más bien representaciones simbólicas de lo que la sociedad sería si pudiera reordenarse. La soberanía moderna podría encajar en el molde de esta apreciación. Aunque en parte emergía como constatación de una nueva realidad que se imponía a los ojos de todos (*lo Stato* en Maquiavelo es lo que «está ahí»), también asumía la función de ofrecerse como respuesta a la crisis política provocada por disensiones internas de todo tipo. Se trata, en realidad, de una de las regularidades de lo político teorizadas por Gianfranco Miglio. En el movimiento pendular entre la monocracia y la pluralidad políticas identificaba una de esas regularidades que tienden a reaparecer en los más diferentes contextos históricos. Según esto, todo régimen en su fase ascendente resulta ser una monocracia, un tipo de gobernación «generadora de autoridad» (*produttrice di autoritá*); en cambio, en su fase decadente, todo régimen deviene pluralista, forma «consumidora de autoridad». El nacimiento de la soberanía moderna de corte bodiniano constituye, de acuerdo con este esquema, una respuesta a la fase decadente del ciclo político, probablemente en sus episodios más críticos, en los que ya amenaza el riesgo de guerra civil larvada o abierta. También en Hobbes el Estado y su soberanía se presentan como lo contrario de la guerra civil. La soberanía estatal claramente protagoniza el ciclo opuesto, un tipo de gobernación no sólo generadora de autoridad, sino capaz de absorber toda otra forma de autoridad, comenzando por la Iglesia y los grupos sociales hasta llegar a la familia, al punto de monopolizarla enteramente en la *potestas* del poder político. La situación resultante en la actualidad resulta de la larga serie de monopolios sucesivos que jalonan la historia del Estado: monopolio de la fuerza con los Ejércitos regulares, monopolio del derecho en forma de legislación, monopolio de la conciencia y el conocimiento, monopolio de la vida social y económica. Es uno de los célebres pasajes del discurso de la dictadura de Donoso Cortés: el millón de brazos no bastaba, el millón de ojos tampoco; el Estado moderno necesitaba también un millón de oídos. De algún modo la soberanía constituye el primer episodio de esta larga historia que hoy toca a su fin.

Algunos autores se preguntan abiertamente si la soberanía no es ya una forma de orquestada simulación. Como expresaba Hans Freyer en su obra sobre la época industrial, «los viejos conceptos siguen operando, como una resistente malla ideológica, sobre la nueva realidad, y para muchos es no sólo un trabajo sutil, sino también una dolorosa renuncia abandonarlos». ¿Será la soberanía uno de esos viejos conceptos que se resisten a desaparecer mientras el viejo mundo de la estatalidad no termina de morir y el nuevo mundo de la supraestatalidad no acaba de nacer? La soberanía, como ha escrito Stephen Krasner, se ha convertido hoy en una forma de hipocresía organizada. Ni siquiera describe ya el verdadero funcionamiento de la relación interna y externa de los Estados, si es que alguna vez lo hizo. El concepto de soberanía que todavía preside el sistema internacional no determina los movimientos políticos de los actores internacionales reconocidos, como si operasen en una partida de ajedrez con reglas fijas. A lo sumo, puede ofrecer una primera aproximación teórica de las reglas compartidas en el juego político, siempre que se asuma que se trata de un juego con muchos tramposos. Las características relacionadas desde siempre con la soberanía (territorio, autonomía, reconocimiento y control) no proyectan una descripción precisa de las prácticas reales de las entidades oficial o convencionalmente consideradas como Estados soberanos. Los Estados soberanos operan en un medio más fluido, el de la semianarquía característica de las relaciones interestatales. Por lo demás, no es sólo que la soberanía exterior opere en un medio de suyo indomeñable. La crisis del concepto moderno de soberanía es más profunda y afecta a todos los órdenes. No es sólo que la soberanía estatal, nacida de los conflictos religiosos y políticos del mundo prewestfaliano, haya dejado de ser una solución válida para la crisis política presente. Es que se ha convertido en una parte (y una parte considerable) del problema.

Si se mantienen firmes las aporías e insuficiencias de la soberanía moderna, alma de una forma política herida de muerte, se entenderá que resulte inútil abordar los problemas del presente invocándola reverencialmente como *deus ex machina*. Esta es una de las lecciones que podemos extraer de un ensayo publicado recientemente por el politólogo italiano Alessandro Campi. En él esboza una crítica del soberanismo hoy dominante y una propuesta alternativa. Se expone que la soberanía no merece ser elevada a doctrina política, pues constituye, más bien, «un expediente político-psicológico, gracias al cual se ofrece un antídoto momentáneo y provisional contra el miedo y la incertidumbre, pero sin una traducción concreta a nivel social e institucional, sin presentar una visión compartida del futuro». Cierto soberanismo se presenta, más allá de la pose agresiva, como una actitud de cierre hacia el mundo exterior, considerado como una amenaza a la propia integridad. Es una actitud que no empuja al propio país hacia la competencia, el crecimiento o la innovación. Construye un tipo de nacionalismo populista propio de los «pueblos cansados». Esta imagen muestra poderosamente justo aquello que una reflexión política consciente debe conjurar. Muy fácilmente podríamos caer, como consecuencia de esta visión crítica, en la apología del sinfronterismo humanitarista, en una lectura antipolítica contra la soberanía, entendida como último vestigio de la antigualla de lo político. Es el proyecto del globalismo sin rostro representado por el desmesurado poder económico-financiero de las grandes corporaciones multinacionales, que, activas en los más diversos campos, se adueñan paulatinamente de nuestras vidas. En efecto, la superación de la soberanía política estatal tan anhelada por algunos ha significado en muchos casos su suplantación por la soberanía extrapolítica desprovista de toda legitimidad desde abajo. Al derribar el Estado moderno, se corre el riesgo de disolver algo más hondo y sólido, la propia comunidad política heredera de la nación histórica.

Así pues, la constatación del desajuste contemporáneo de la soberanía en relación con el mundo globalizado tampoco puede dirigirnos hacia un espejismo de signo contrario: el del determinismo del futuro. Aunque la idea moderna de soberanía es indudablemente hija de una época pasada y de una forma política agonizante, lo político es una esencia que no deja de reajustarse a las condiciones y circunstancias cambiantes en cada realidad histórica. Si eliminamos la cáscara historicista de la idea de soberanía, nos encontraremos con ese mínimo común denominador que define tal esencia política y que ningún contexto o presión histórica, por fuerte que sea, puede disolver. De hecho, la idea moderna de soberanía estatal surgió como respuesta a una situación de crisis. ¿No podría surgir del trance histórico en que vivimos inmersos otra idea de soberanía, más ajustada a la singularidad de la crisis actual, en parte provocada por la idea moderna y estatal de soberanía? Una crítica del soberanismo meramente defensivo y perezoso debe servir para reconstruir una imagen del futuro compatible con una visión política creativa y al mismo tiempo consciente de los errores del pasado. En *El arte de prever el futuro político*, Bertrand de Jouvenel acota el papel de un cierto modelo de pensamiento político en su relación con el futuro. La imaginación de la catástrofe puede provocar un miedo incapacitante para la razón. La escatología traducida a términos políticos comporta la claudicación de la acción y de la filosofía políticas. No se trata de diseñar ciudades en las nubes en nombre de negras profecías, sino de imaginar futuribles. «Un futurible –escribe Jouvenel– es un descendiente del presente que comporta una genealogía. ¡Qué dicha si lo deseable nos parece también probable!». Otra idea de soberanía es posible y debe reunir dos condiciones para esquivar las aporías de la soberanía estatal moderna, que sobrevive fantasmagóricamente como un sonámbulo histórico: adecuarse a las exigencias, tendencias y realidades de nuestra época, por un lado, y a la tradición política europea en las distintas versiones de las naciones históricas, por otro.

En un libro publicado hace unos años en Francia, *Les deux souverainetés et leur destin. Le tournant Bodin-Althusius* (Le Cerf, 2011), Gaelle Demelemestre demuestra con argumentos convincentes la actualidad y vigencia de los planteamientos políticos de Altusio. Para esta autora, hoy destacan tres factores críticos de cuestionamiento del Estado soberano frente a nuevas y problemáticas coyunturas.

En primer lugar, el debate entre liberales y comunitaristas manifiesta el callejón sin salida de una antropología atomista que hace de la autonomía individual el único norte de la vida colectiva. Esta visión viciada degrada al poder político, protector supremo de la libertad de autodeterminación, a la condición de árbitro entrometido de los conflictos intersubjetivos, minando así el espacio público cultivado en la tradición republicana occidental.

En segundo lugar, la gobernabilidad de las sociedades democráticas se deteriora con la progresiva suplantación del gobierno por la gobernanza. Aunque el ciudadano está formalmente representado, se afirman cada vez con mayor virulencia los conflictos con la política gubernamental soberana. Los ejemplos abundan. Todo ello demuestra la progresiva erosión de la legitimidad del poder y, sobre todo, muestra que este no ha dejado hacer a la sociedad civil aquello de lo que era capaz, pensándose a sí mismo, no como suplente, sino como actor esencial de la vida social. Por lo demás, el mito tecnocrático de la «gobernanza» es un disfraz sintomático: oculta el miedo del poder soberano a presentarse legítimamente como gobierno. No obstante, este afán de esconder la función de mando y obediencia que lo define revela un debilitamiento de lo político en sí o, por decirlo de otra manera, una aceleración de la despolitización estatista.

Por último, la crisis de lo político se manifiesta también necesariamente como ausencia creciente de límites en la acción del Estado. Humboldt, a principios del siglo XIX, advertía ya de un poder que buscara socorrer a cada individuo más que a intervenir en caso de necesidad. La antropología individualista, que en el fondo sospecha de la capacidad de las personas para unirse favorablemente, sólo ve la matriz conflictiva de las relaciones: la que conduce a la guerra de todos contra todos. Todo ello ha provocado el aumento desorbitado de los casos en los que el poder se siente interpelado y conduce directamente desde la soberanía hasta el Estado providencia. Al presuponer la impotencia de la comunidad humana, el poder soberano engendra un cuerpo social anémico. Y así, de nuevo, perdemos de vista la verdadera finalidad del poder.

Son verdades incómodas, pero resultan cada vez más difíciles de esconder. El resurgir de los populismos trasluce la inadecuación de la soberanía estatal para responder a las exigencias de una verdadera soberanía popular. La desconexión entre los pueblos y las elites que dicen representarlos, certeramente diagnosticada en los años noventa del pasado siglo por Christopher Lasch en *La rebelión de las elites*, es una nota indicativa del fracaso del mito de la identificación moderna entre gobernantes-representantes y gobernados-representados. Viejos políticos como John Caldwell Calhoun eran plenamente conscientes del sometimiento legal de la mayoría a una oligarquía de políticos profesionales. En un plano más académico, autores como Moiséi Ostrogórski o Robert Michels levantaron acta de la tendencia oligárquica de las estructuras políticas modernas, resistente a toda forma de religión laica o democratismo simbólico. Aunque nadie se atreva a negar en público el dogma de la soberanía democrática, lo cierto es que el pueblo pretendidamente soberano ejerce y (lo que es peor) acepta pasivamente el papel de mera comparsa en el juego político de las democracias contemporáneas. El rito electoral, que sirve de salvoconducto moral para la aprobación de las decisiones de las oligarquías tecnocráticas en el poder, convalida temporalmente el *statu quo*. Pero la desnudez del pueblo-rey es cada vez más difícil de revestir. El edificio teórico de las verdades políticas oficiales ha entrado en crisis terminal. La voluntad soberana es legitimada por el hecho de que en su base está la voluntad de todos. Resulta difícil encajar la ley de hierro de la oligarquía elaborada por la escuela elitista italiana (los Pareto, Mosca y Michels, escrutadores impenitentes del funcionamiento interno de la clase política) con el mito moderno de la transubstanciación de la voluntad de los individuos en voluntad del Estado. Es un mito de «autorización» porque, según el autoconcepto del Estado, en la voluntad soberana todos somos autores. Este era el secreto de la legitimación moderna del poder: la mentira de la identificación plena entre el mando y la obediencia. ¿Cómo explicar entonces la desafección, la abstención, el repudio creciente (y recíproco) entre los pueblos y sus elites? El giro antidemocrático de las elites liberal-globalistas, alarmadas ante el crecimiento de lo que motejan despectivamente como populismo (una forma de demofobia), es un síntoma altamente indicativo del estado actual de la situación política en las sociedades occidentales.

Es un síntoma que explica lo que el gran historiador Emilio Gentile ha observado en uno de sus recientes ensayos, *La mentira del pueblo soberano en la democracia*. La desafección, la desilusión y la desconfianza del pueblo formalmente soberano en relación con las instituciones, los partidos y la clase dirigente han dejado de ser factores localizados y acotados temporalmente para convertirse en elementos definitorios de una crisis permanente. Se podría objetar que el fenómeno no es nuevo y que la democracia, en cierta manera, es la forma de gobierno que se define precisamente por vivir (y sobrevivir) en un estado de crisis permanente. Sin embargo, este desfase entre el ideal democrático de la soberanía popular y su materialización concreta ha alcanzado cotas alarmantes. Vivimos, como afirma el historiador italiano, en la era de la democracia recitativa, sistema que promueve una forma de catecismo que se declara hipócritamente en público –por una mezcla de miedo y conveniencia– aunque casi nadie crea ya verdaderamente en él. Al igual que en los viejos países de la Europa del Este, las democracias liberales contemporáneas son catedrales sin creyentes. Así, y por mucho que se le siga agasajando retóricamente, asistimos a la progresiva dessoberanización del pueblo. De hecho, esta retórica rimbombante se incrementa a medida que la realidad que proclama se difumina. Si nos atenemos a la lección de un realismo político atento a la verdad efectiva de las cosas, no costará mucho advertir que la soberanía popular podría ser uno de esos viejos ídolos llamados a desaparecer del espacio público, toda vez que la creencia en ellos se deseca con el paso del tiempo. No hablamos aquí de lo que ocurre en las democracias autoritarias o iliberales que comienzan a proliferar en la órbita no occidental del mundo (una situación que merece su propio análisis) ni de la influencia que estos modelos pueden ejercer también en Europa (donde la perspectiva securitaria de la *ratio status* se ha terminado imponiendo a las responsabilidades activas de la libertad ciudadana), sino de la situación de la soberanía popular en las democracias asentadas por la larga tradición liberal europea.

Son muchos los factores que explican el proceso de dessoberanización en curso. Ciertos politólogos como Colin Crouch se atreven a hablar de «posdemocracia» para describir una situación política en la que la acción de grandes grupos de interés económico influye decisivamente en la agenda política de los gobernantes mientras la masa de los ciudadanos se contenta con una actitud pasiva, apática y sumisa, encerrada en los placeres de una vida privada impermeable a las inquietudes y peligros de la vida cívica. En este panorama, los debates electorales se transforman en espectáculos audiovisuales controlados por grupos rivales de expertos en las tecnologías de persuasión, la versión contemporánea de la psicología de las masas estudiada en su día por autores como Gustave Le Bon. Es un contexto donde prolifera una clase dirigente corrupta, amoral y separada del pueblo al que dice representar. Es la rebelión de las elites denunciada en su día por Christopher Lasch, caldo de cultivo de los populismos hoy pujantes en cualquier país occidental. Entramos en la entropía de la democracia, avatar de la vieja anaciclosis de Polibio. Son cambios demasiado poderosos para poder imaginar una reversión plausible. La ideología dominante impone una particular forma de cohabitación mental: el pueblo sigue siendo formalmente soberano en la retórica constitucional y en los discursos oficiales mientras, precisamente por la acción de quienes declaran su apego a los vetustos principios de soberanía popular, se des-soberaniza en la práctica. Esta forma de esquizofrenia política impone la codificación ideológica de todo lo real. La democracia deviene recitativa. La situación, naturalmente, no puede durar en los mismos términos, pues si la democracia es el poder del pueblo soberano y este pueblo ya no detenta ningún poder real o efectivo, la democracia es una ficción, un castillo de naipes que antes o después derribará el viento de la historia. ¿En qué se convertirá? ¿Qué idea de soberanía podría detener este proceso, en caso de que pueda hacerlo?

El populismo del soberanismo defensivo no es una respuesta a la crisis actual; es sólo un síntoma ruidoso del silencio impuesto al *demos*. Quizá el soberanismo instintivo de estas reacciones populistas viva sólo de bellas palabras y enfáticas referencias al pasado. Para que cristalice esa reacción frente a la des-soberanización popular, es imperativa una renovación de las instituciones que conecte con los objetivos de una nueva cultura política del deber ciudadano. El soberanismo meramente proteccionista corre el riesgo de convertirse en una fórmula tan recitativa como la de las democracias pospolíticas, democracias sin demos ni *kratos*. Si la vieja idea de soberanía ha fracasado a la hora de contrarrestar el proceso histórico que la conduce inexorablemente hacia su propia autoficción, quizá se deba a su incapacidad para articular un modo de existencia política que vaya más allá de la mera retórica.

¿Quiere esto decir que nos hallamos ante una crisis de legitimidad severa, ante la aparición de nuevos genios invisibles en la ciudad como los que describió Guglielmo Ferrero en su célebre obra? Ante la impotencia de las democracias para resolver las sucesivas crisis sistémicas que las afectan, muchas encuestas en Francia advierten de que un alto porcentaje de la población es partidaria del regreso de un Estado autoritario. Sabemos que el resultado en otros países europeos sería similar si estas encuestas existieran. Pero esta reclamación de un poder fuerte sólo es incompatible con una idea de democracia que niega la legitimidad de la heteronomía del mando político. No lo es con una forma de entender la democracia que, sin negar la soberanía popular, reconoce la función propia del gobierno. Aunque sea altamente improbable que los viejos genios de la ciudad regresen, no resulta inconcebible que la vieja tradición del gobierno y el bien común recupere su lugar en medio de la crisis actual.

Los políticos profesionales suelen confesar verdades incómodas cuando dejan de serlo. Se aprende más de sus memorias que de sus discursos. André Tardieu (1876-1945), quien fuera tres veces primer ministro de Francia entre 1929 y 1932 y protagonista de una dilatada carrera política, escribió una obra profética a mediados de los años treinta. *Le souverain captif* (*El soberano cautivo*) viene a ser una especie de manifiesto que diagnostica los males políticos del momento, unos males que Tardieu explicaba por la desproporción entre el verdadero funcionamiento de una clase política republicana a la que conocía perfectamente y los dogmas de identificación propios de la república «una e indivisible» (un lema en el que encontramos ecos muy nítidos de la definición bodiniana de soberanía). Tardieu escribió que, para mantener el despotismo de la minoría legal nacido con la Revolución francesa, se ha probado de todo y todo será probado. Los jacobinos nunca fueron más de seis mil en toda Francia y, aunque la Declaración de Derechos del Hombre se proclamase expresión de la voluntad general, las leyes revolucionarias, desde el primer hasta el último día, sólo manifestaron la voluntad de una ínfima minoría. Maurras denunció la ruptura entre el país real y el país legal. Desde entonces, poco o nada ha cambiado. El ciudadano, encadenado a esos mitos fundacionales, conserva la ilusión de controlar el extremo de la cuerda en nombre de la soberanía popular que se declara. En realidad, no controla nada. Los ciudadanos creen hacer la ley: es la ilusión política de la autoría. En realidad, la sufren. La soberanía parlamentaria ha sustituido a la soberanía popular. El pueblo formalmente soberano según el catecismo que se recita en elecciones o comicios, el pueblo francés, que ha derramado su sangre por conquistar esa soberanía, no es soberano de nada. Si lo es, es un soberano cautivo. Esto refleja uno de los rasgos de las democracias recitativas: cuanto más se habla de soberanía popular, menos se ejerce. Tardieu no duda en afirmar: «Hobbes y Bentham habrían encontrado este régimen satisfactorio». Y concluye: «Las ideas democráticas no han resuelto el problema de la soberanía. Pudieron quebrar la soberanía de los reyes. Fueron impotentes para crear la del pueblo. El sorteo era mejor». Si es cierto, como afirmaba Montesquieu, que la decadencia de los regímenes comienza por la corrupción de sus principios, el régimen actual debe de estar gravemente enfermo. Parte de la declaración final conserva una fuerza imponente en el contexto actual, una fuerza que procede de su carga visionaria y del valor del testimonio de uno de los grandes actores de la vida política francesa:

> Considero al sistema actual, que conozco bien, puesto que lo he servido y dirigido, herido de muerte por la mentira de base, que este libro denuncia, y por las consecuencias de esta mentira. El sistema, en su decadencia, puede durar todavía años. Pero está condenado. Y, cuanto más dure, más se agravará la catástrofe final.

Es significativo que esta obra, ya casi olvidada, haya sido reeditada recientemente en el país vecino.

Un sucedáneo del mito contractualista que proclama la identificación de la voluntad del poder con la del pueblo soberano ha sido el del consenso. Detrás de la presunta imagen de unidad que desprende, este mito es reflejo de debilidad. Ha debilitado a unas democracias que, para conservar su fuerza, deben cuidar siempre de la buena salud de su carácter agonístico. La fuerza de Rómulo y Remo frente a la debilidad de Licurgo. Lo ha escrito Jacques Rueff en *La dictadura liberal*: las democracias liberales vencieron en el siglo xx a sus adversarios porque eran capaces de obtener su fuerza de sus conflictos internos. Los enemigos exteriores (los totalitarismos nazi y comunista) fortalecieron las democracias occidentales y alargaron probablemente su vida, invalidando la inminencia de la profecía de Tardieu. Pero desde la caída del Muro se encuentran sin enemigos (sin enemigos, se entiende, en el tribunal político-moral de la legitimidad) y se ven obligadas a afrontar por fin las mentiras y mistificaciones largo tiempo silenciadas y denunciadas *avant la lettre* en la obra del político francés.

Si podemos augurar que el genio invisible de la legitimidad democrática resistirá a la crisis no podemos decir lo mismo de la tradición del Estado con el que se ha asociado a partir de la cultura de la ilustración y las revoluciones liberales modernas. La tradición del gobierno ha sufrido un revés tras otro con la consolidación y el fortalecimiento del modo cratológico de pensamiento. En la actualidad, la crisis del Estado ofrece una oportunidad única para recuperar lo que Hayek llamaba el camino abandonado. Mas ese camino no se abandonó en el siglo xix con el comienzo del siglo socialista –que debutaba, según el gran economista austriaco, en 1848–, sino mucho antes. Comenzó con el concepto moderno de soberanía, que quebró la tradición de la naturaleza y la razón, la tradición del gobierno y el bien común, la tradición farmacológica, agonística que viene de Grecia y, sobre todo, de Roma, pues la vía europea, como recuerda Rémi Brague, es la vía romana. Ciertamente, el concepto moderno de soberanía quedó totalmente contaminado por la tradición cratológica de pensamiento y por las sucesivas fantasías teóricas que parten del contractualismo social y concluyen en la voluntad eneral. Pero existe otra idea de soberanía compatible con la genuina tradición occidental del gobierno y el bien común. Es la idea de Altusio, en buena medida deudora de la Escuela de Salamanca.

De hecho, Pierre Mesnard vio en Francisco Suárez la plasmación de una síntesis superior entre la teoría bodiniana de afirmación de una soberanía monárquica y la tesis altusiana de la superioridad indiscutible del cuerpo social. No obstante, sin ánimo de corregir a Mesnard, lo cierto es que toda la fuerza decisionista o monocrática de la teoría bodiniana (eso que el cardenal Richelieu llamó la *puissance de gouverner*) está ya presente en Altusio. A pesar del fundamento corporativo y federal de su comunidad simbiótica, el *summus magistratus* ejerce con toda legitimidad una fuerte misión personal de mando político que hoy no dudaríamos en calificar de presidencialista. Eso sí, esa suprema misión del mando al servicio del bien común de la comunidad, cuya eficacia práctica se mantiene arqueológicamente vinculada a la soberanía sagrada por el cordón umbilical de la función farmacológica, se ciñe exclusivamente al ámbito estrictamente político y no invade el espacio de la soberanía social repartida entre los cuerpos orgánicos inferiores. Altusio no incurre en las confusiones político-jurídicas modernas que parten de Bodino y desembocan en el mito democrático del Estado de Derecho. Distinguir entre soberanía social y soberanía política es el modo más eficaz de preservar la autonomía de la política. En la teoría política de Altusio, de hecho, se ejemplifican dos divisas de la escuela maurrasiana: «Las libertades abajo, la autoridad arriba» y el *politique d'abord*.

Importantes autores contemporáneos han rescatado a Altusio y su idea de la soberanía del olvido. Ya se llamen Otto von Gierke, Gianfranco Miglio, Gonzalo Fernández de la Mora, Chantal Delsol, Alain de Benoist o Dalmacio Negro, los testimonios son muy autorizados. Todos ellos comparten una aguda conciencia de la dimensión histórica y civilizatoria de los problemas políticos contemporáneos. Traducida en términos teóricos, esta conciencia implica una voluntad de comprensión del presente más allá de la lógica férrea de los conceptos políticos modernos, justamente desmitificados en sus respectivas obras. Comparten otro modo de entender la unidad política, un modo que elude la gramática del mecanismo conceptual moderno, pensado sobre la base de individuos desposeídos de su dimensión política por un sujeto colectivo mitológico que opera hoy, según la expresión de Octavio Paz, como ogro filantrópico. La crisis de esta forma de entender la realidad política nos devuelve al espejo roto de una vida política compuesta por una pluralidad de grupos hoy disgregados que, si bien no se reconocen como partes de una única instancia común ni demandan la voluntad unitaria de una entidad política absorbente, reclaman la necesaria guía que la realidad plural requiere. Esta guía nos transporta a la tradición olvidada del gobierno, de la necesidad del mando para la vida y el bien comunes. En definitiva, este modo de pensar lo plural y lo unitario en armonía ya es expresivo de un modo de pensar la política radicalmente diverso del mecanismo de la soberanía estatal.

Descompuesto el universo medieval por la ruptura protestante, la vida política se territorializó y fue paulatinamente absorbida por el artefacto soberano, posteriormente entronizado por el mito del contrato social, ajeno en su funcionamiento al orden moral de la tradición y el *ethos* compartido por el pueblo. Hoy, en cambio, el panorama geopolítico y tecnológico parece militar contra el Leviatán, pues impone una descentralización que no es ni teórica ni ideológica, sino forzada por la dictadura de los hechos. Unos hechos que vuelven obsoletas, cuando no inexistentes, las fronteras diseñadas por la constelación de los Estados. Así también, la propensión claramente apreciable hacia un localismo práctico reúne ventajas indudables respecto a la camisa de fuerza que implican las rígidas soluciones estatales. En un ámbito eminentemente jurídico, parece poder decretarse el fin de los ordenamientos jurídicos clausurados y, por tanto, la identificación entre la legislación y la soberanía, marcador de la teoría bodiniana, se tambalea en virtud de la interpenetración de una pluralidad de ordenamientos. La pretensión de la (ya) vieja soberanía moderna como supuesto ejercicio absoluto e ilimitado de la dominación política en un centro único hacia el interior y el exterior de la forma política estatal ha quedado en entredicho. Con la globalización, la perspectiva estatocéntrica se debilita y da paso a un orden posthobbesiano de naturaleza incierta, pero que parece refutar la idea de una soberanía indivisible y postular, como contrapartida, una compleja y a veces caótica multiplicidad de instancias decisorias en diferentes esferas de agregación, no sólo transnacionales, sino también infraestatales. Ciertamente, el orden internacional ha estado siempre sujeto a formas variables de anarquía, la guerra de todos contra todos que el dogma hobbesiano clausuraba en el orden político interior. Pero el fenómeno en este caso es nuevo. Asistimos al desbordamiento del Estado en su conformación arquetípica como instancia soberana de decisión. En el ámbito de la sociedad civil recuperan su protagonismo grupos sociales que reivindican abiertamente –y en ocasiones articulan– espacios de autonomía frente al monopolio jurídico estatal. Y, extramuros del Estado, se replantean los espacios geopolíticos y las fronteras cerradas de los Estados nación en dirección a nuevos órdenes supranacionales que dibujan el teatro, ya previsto por Carl Schmitt, de los grandes espacios.

Se abre aquí una grieta por la que puede deslizarse, si no el grueso de la vieja tradición del gobierno, sí al menos la clave para su recuperación. Cuando el magisterio pontificio se pronunciaba sobre las grandes tendencias sociales y políticas de su época entre el siglo xix y xx, toda la lógica y la *forma mentis* estatal se encontraban indiscutiblemente en contra de su orientación. Hoy, sin embargo, pese al progreso de la secularización en nuestras sociedades, diríase que sus estructuras técnicas empiezan a inclinarse en favor del núcleo del pensamiento católico y de la tradición del gobierno, el bien común y la subsidiariedad. Estos signos de cambio no están exentos de graves riesgos y amenazas, pero, en este punto al menos, parece que, tras sus distintas metamorfosis, el Estado soberano ha llegado al límite de su propia impotencia, que contrasta con la imagen primero bodiniana y después hobbesiano-rousseauniana de indivisibilidad, perpetuidad y potencia absoluta. Aunque la previsible, también desesperada, respuesta de la máquina estatal en su disolución posmoderna pueda encaminarnos hacia el precipicio de la exasperación totalitaria, no se puede descartar (he aquí al menos uno de los futuros posibles) un retorno hacia el espacio moral de la lógica clásica del gobierno, el bien común y una posible noción pluralista de la soberanía.

Para repoblar esta atmósfera ética es preciso recuperar la operatividad política de los grupos, tal y como se expresa en la idea de soberanía altusiana y sus comunidades simbióticas. Si no se emprende esta tarea teórica, se permanecerá inevitablemente en el seno de la dualidad-identidad entre la masa de sujetos individuales y el hipostasiado sujeto colectivo, mitologizado en la transubstanciación soberana. Una transubstanciación que obstaculiza toda forma de acción política efectiva de una ciudadanía digna de tal nombre. Si bien a menudo se entiende la época moderna como la época del pluralismo, lo cierto es que este pluralismo poco tiene que ver con la genuina pluralidad política que se expresa a través de grupos dotados de personalidad propia. El pluralismo de las opiniones, fundado en el dogma del relativismo moral, es precisamente el axioma que impone la lógica uniformizadora de la soberanía estatal moderna. Hay que señalar, pues, ese pluralismo impostor como uno de los vértices de neutralización de una verdadera soberanía popular.

Para invalidar la lógica envenenada de la soberanía estatal es necesario refutar el concepto de individuo y oponerle el reconocimiento de la realidad viva de un pueblo concreto, entendido como expresión histórica efectiva de una herencia nacional vigente. Sólo mediante el reconocimiento del pueblo en su diversa pluralidad orgánica se logra superar el marco de la identidad entre el pueblo imaginado y abstracto del contractualismo y el poder presuntamente resultante de dicha imaginación. Sólo pensando a los hombres no como individuos desligados los unos de los otros, sino como personas comunitariamente vinculadas en variadas y cambiantes formas de agregación, es posible dar cuerpo a una praxis política ciudadana. Si el pensamiento político sigue enclaustrado en las fórmulas ideológicas de la legitimación y la representación modernas, se agravará el cáncer de la despolitización estatista. El trabajo de deconstrucción de los conceptos políticos modernos no opera sólo como exorcismo teórico-negativo. Al contrario, debe servir para rehabilitar, depurada de sus adherencias anacrónicas, la vía de una tradición genuinamente occidental de entender no sólo la política sino, con ella, la vida social, la justicia y la comunidad.

Si se pretende culminar este proceso social en aras de una recuperación de la vida ciudadana y orgánica, es preciso devolver a los grupos sociales todo el protagonismo que les robó el individualismo antropológico legitimador del Estado. La proliferación de nuevos grupos en la vida económica y social es una oportunidad para limitar las diversas instancias del poder establecido por la maquinaria estatal. El presupuesto político-jurídico que impulse esta nueva realidad social debe apoyarse en el reconocimiento pleno de la libertad de asociación y el consiguiente desarrollo estatutario de una red orgánica representativa en todos los órdenes (educativo, profesional, económico, religioso). Este reconocimiento debe partir de la declaración antropológica de una soberanía política que no agote la vida social de los hombres y ciudadanos. Los grupos en que estos se hallan insertos recogen de manera auténtica un conjunto de aspiraciones, intereses y funciones sociales que las instancias estatales soberanas han ignorado o soslayado. Estos grupos no son creaciones del Estado; responden a una sociabilidad humana genuina y siempre cambiante. Su legitimidad no depende de una concesión arbitraria del poder público. En este terreno, no cabe duda de que la soberanía legal es sólo una ficción teórica hoy inútil e incluso contraproducente. La atmósfera no podría, en este sentido, ser más favorable para la afirmación de un espíritu público plenamente consciente de que la soberanía debe dejar de ser un atributo único del Estado para convertirse en una multipropiedad social que se reparta en el policentrismo de los grupos. Apuntando en esta esperanzadora dirección, Robert Nisbet, pensador conservador norteamericano, apelaba a un nuevo «*laissez-faire* social» (fórmula provocadoramente alternativa a las caducas y hoy superadas recetas del liberalismo decimonónico) como antídoto moral contra los males del siglo estatal-socialista.

Sin embargo, no conviene tampoco enfrentar al caos actual una presunta tradición armónica de la pluralidad en la que los grupos operan solidariamente bajo la guía de un gobierno comprometido naturalmente con el bien común. Precisamente el reconocimiento público y previo del pueblo como actor político operativo a través de sus múltiples manifestaciones comunitarias permite integrar la tensión estructural (que puede adquirir la forma de resistencia) con el gobierno. La idea de representación encuentra naturalmente cobijo en esta imagen, pues entender como inevitable la heteronomía del mando político implica que el gobierno, pese a ser producto de una elección compartida, encabeza una acción que no se identifica necesariamente con la voluntad de los gobernados, que permanecen políticamente presentes y activos frente a aquel. Asumir como inevitable y necesario al gobierno no presupone la sumisión o pasividad apolítica del pueblo. Incorporar el conflicto de manera productiva nos recuerda la célebre sentencia de Montesquieu, digna de la mejor tradición republicana europea: el silencio de los conflictos en la ciudad anuncia la llegada de las tiranías. Con ella se deconstruye también el mito incapacitante del consenso, que anula la vitalidad política de las democracias occidentales actuales. Frente al consenso debe enarbolarse la productividad agonística del desacuerdo y la disidencia no sólo en cuanto opinión (esa forma de disidencia es, al menos declarativamente, fomentada por un discurso oficial plenamente consciente de su ineficacia civil), sino más bien en cuanto comportamiento y educación pública. Frente al pluralismo coaligado con el consenso, la pluralidad hermanada con la discordia y la concordia a partes iguales. En la vida activa de la pluralidad se diluye el mito del consenso como acto de autorización previo a la acción del Estado soberano y se activa, por el contrario, la búsqueda del acuerdo y de las habilidades sociales necesarias para alcanzarlo. Se insufla a la vida civil ese componente relacional sin el que no es posible lograr la solidaridad o, por decirlo en términos clásicos, la amistad política. Como se puede observar, hablar de bien común, pluralidad, gobierno y subsidiariedad no es invocar el pasado. Es, más bien, explorar las posibilidades reales y concretas de una necesidad propia de toda comunidad política y largamente acallada por un discurso estatal que ha construido una idea de soberanía cada vez más inadecuada a las exigencias contemporáneas. De ahí que otra idea de soberanía sea necesaria. Y urgente.

Esa idea alternativa de soberanía latía en la tradición hispánica medieval. Gaspar de Añastro e Isunza, al traducir al castellano con «enmiendas católicas» «Las repúblicas de Bodino», advertía que los españoles no pueden aceptar la noción de soberanía, pues representa un poder ilimitado por encima de los cuerpos sociales. La *suprema auctoritas*, que encarna la misión clásica del mando político, en cambio, implica que cada cuerpo político, incluidas las potestades del príncipe gobernante, está encerrado dentro de unos límites. *Potestas absoluta non potest dari in republica politica, et bene ordinata*, escribía en sus *Repetitiones feudales* Antonio Lanario, jurista del Nápoles hispánico. Esta tradición del gobierno pervive con la costumbre de los fueros, expresión histórica y vital de un *ethos* que personifica la alianza de la pluralidad política y jurídica con la hermandad propia de una comunidad política superior.

Parece que un hipotético regreso del bien común se anuncia entre los gemidos de la dolorosa gestación de un escenario postestatal. Con la crisis del Estado moderno en su actual vorágine relativista y descivilizadora, parece consumarse la evaporación de la vida política ciudadana a través de sus expresiones regladas (elecciones, representación partitocrática, etc), como puede deducirse de las manifestaciones de descontento y desafección bajo formas despectivamente bautizadas como populistas. En buena medida, esta situación se explica porque, como sostenía Gianfranco Miglio, la noción de soberanía –que es, según la ingeniosa imagen de Cardin Le Bret, el equivalente del punto en geometría o el equivalente terrenal de la voluntad divina– expresa una obsesión, toda teológica, por la unidad, por la *reductio ad unum*, absolutamente incompatible con la pluralidad social y política contemporánea. Unidad en este caso significa homogeneidad. Hoy, por el contrario, se trata de armonizar políticamente las diferencias, de valorarlas y defenderlas, no de anularlas. Son cosas que el Estado, por su propia naturaleza, no puede lograr. Miglio, realista político y espíritu sensible a una visión cliopolítica de la historia, expresaba el convencimiento propio de los grandes clásicos del pensamiento político occidental, empezando por la anaciclosis de Polibio, de que todas las instituciones políticas, sin restricción alguna, están destinadas, tarde o temprano, a desaparecer. El Estado, que también es un producto de la historia, no es una excepción. La nuestra es la época de la desaparición gradual del Estado tal y como lo hemos conocido durante cuatro siglos. Cuidadosamente orilladas la subsidiariedad y la pluralidad política en todos los rincones de las estructuras oficiales estatales y supraestatales (la Unión Europea repudió, pese a sus coqueteos iniciales, la tradición imperial para constituirse en un macroestado inspirado en el federalismo moderno, no medieval), hoy se presenta como salida a todas las encrucijadas de nuestra presente situación. Y lo puede hacer, según el criterio del estudioso italiano de las regularidades de lo político, en virtud del rescate de la vieja idea de soberanía de Altusio.

Al igual que para Miglio, para Alain de Benoist «el debate entre Juan Bodino y Johannes Altusio jamás se ha concluido e, incluso hoy, es más actual que nunca». Recuerda que la teoría de la soberanía desarrollada por Altusio es particularmente interesante, pues ignora la idea de una soberanía ilimitada y siempre parte de la premisa del bien común. Es significativo que todos estos autores reivindiquen la tradición del realismo político y no perciban incompatibilidad alguna con la propuesta de Altusio. Crítico del liberalismo en casi todas sus formas, De Benoist desmonta la reivindicación liberal de la teoría altusiana. Aunque reconoce que «a primera vista, hay algunas afinidades entre la teoría de Altusio y la doctrina liberal, comenzando por la crítica al absolutismo y el rechazo a lo que hoy llamamos el Estado-Providencia», los liberales se atienen únicamente al principio de subsidiaridad en su versión negativa de no injerencia. Rechazan, en cambio, la antropología holista que cimienta el edificio altusiano y, aunque refutan la injerencia del Estado, no lo hacen en nombre de la autonomía de los grupos que el síndico de Emden proclamaba, sino en nombre de los derechos del individuo. Para Altusio, los individuos sólo pertenecen a la «comunidad simbiótica» por mediación de las asociaciones, corporaciones, grupos, ciudades o provincias. El federalismo clásico altusiano, orgánico, de raigambre imperial, favorable a una soberanía compartida, refuta la concepción dualista moderna, dividida entre un soberano omnipotente y una «sociedad civil» desprovista de cualquier forma de autonomía. Para Altusio, la sociedad se define como un *continuum* político de organizaciones creativas de derecho sin solución de continuidad.

Por un lado, una soberanía total, la del Estado moderno, único lugar de expresión de la voluntad general que asume un monopolio absoluto del derecho y de la legitimidad formal sin referencia al bien común o la justicia. Por el otro, una soberanía condicionada permanentemente por el acuerdo real, una continuidad orgánica sin solución entre las asociaciones de nivel inferior, locales, y las de nivel superior, universales, con una pluralidad de derechos locales (los fueros de la tradición hispánica) atemperados por un *ethos* y un bien comunes. En Altusio, a diferencia de Rousseau, cuyo Estado corona por la voluntad general el Leviatán de Hobbes (según fórmula de Jacques Maritain), el pueblo es soberano, pero no el titular de una soberanía trascendente y separada: nunca puede gobernar por encima de sí mismo, de sus capacidades y acciones reales. Para Alain de Benoist la conclusión no puede ser más clara: «La importancia de Altusio seguramente merece ser reconocida hoy día».

Con la idea moderna de soberanía podría decirse algo similar a lo que apuntaba el juez alemán Böckenförde en el dilema al que prestó su propio nombre. Böckenförde aseguraba que la democracia liberal vive de presupuestos que no puede garantizar por sí misma. El orden liberal necesita un *ethos* unificador, un «sentido de comunidad» que sirva de pegamento de ese *demos*. Para Böckenförde, aunque una democracia liberal que imponga un *ethos* se niegue como orden liberal, este orden liberal también está abocado a desaparecer si no existe tal *ethos*. He aquí el dilema. La pregunta entonces es: ¿quién puede crear ese *ethos*, ya que no puede ser impuesto artificialmente por el Estado soberano? Sólo puede brotar del pueblo en el desenvolvimiento de su vida histórica, en el conjunto de sus costumbres y formas de convivencia. De un modo análogo podríamos decir que la idea de soberanía popular vive del presupuesto de la existencia previa de un pueblo, existencia previa que los procedimientos de legitimación formal en que consiste la soberanía moderna no sólo no garantizan por sí mismos sino que en realidad destruyen teóricamente. Al negar la idea de pueblo, salvo como agregado de individuos a los que sólo une la ficticia expresión de una voluntad colectiva imaginada –una suerte de plebiscito permanente al modo de Renan–, la soberanía popular moderna niega al sujeto al que atribuye la titularidad de la soberanía. En el caso de la soberanía altusiana la situación es bien diferente. El pueblo es considerado como una *Genossenschaft*, una forma cooperativa de vida dotada de personalidad moral y jurídica, cuyos miembros detentan la soberanía en manos comunes y responden directamente y sin intermediarios a sus exigencias. Lo que vincula entre sí a los miembros de una *Genossenschaft* es el disfrute común (el término remite al campo semántico connotado por el verbo *geniessen*, «gozar») de un derecho o de un bien. Como ya se vio, el contrato social en sentido moderno no significa nada en la teoría de Altusio, porque el vínculo entre las personas existe por naturaleza. El pueblo real, como entidad viva y orgánica, se compone de grupos, no de individuos. En el ámbito de las realidades sociales no existe nada puramente artificial. No es el hombre despojado de su condición social el que accede a la ciudadanía política, sino el miembro de un grupo ya constituido socialmente, algo que conecta su visión con la ciudadanía en la democracia griega. Es en este (y sólo en este) sentido en el que se puede efectivamente hablar de soberanía popular o, mejor dicho, en el que se puede reconocer al pueblo su soberanía, primero social y después –sobre esta base previa– política. No existe, pues, dilema alguno en la fórmula «soberanía popular». La soberanía moderna, en cambio, se recrea en el dilema. No reconoce esa soberanía en el pueblo porque niega previamente al pueblo. Es el mecanismo soberano el que lo crea (al pueblo) para olvidarlo inmediatamente en virtud de su identificación con la voluntad del poder. De este modo, al afirmar la soberanía, la teoría política moderna niega al pueblo y, al afirmar al pueblo, niega la soberanía. En este sentido, el populismo es, en el seno del marco moderno, un episodio menos momentáneo y regular que endémico de los sistemas políticos todavía vigentes. De hecho, su resistencia a morir es un indicador fiel de la vida y salud de un pueblo. *Salus populi suprema lex est*. El viejo lema ciceroniano ha sobrevivido a sus enterradores despolitizadores y permite concluir este estudio recapitulando el camino recorrido hasta aquí.

Tras el profundo movimiento desacralizador de la filosofía griega y la fe cristiana, los gobernantes ya no pueden ser pensados como esos dioses en la tierra que fueron los reyes sagrados. La desatadura griega y cristiana emancipa al poder de la tutela caprichosa de las divinidades. Puede considerarse el acta de nacimiento de lo político. Sin embargo, con la muerte del universo mágico, lo político –vástago de la violencia y lo sagrado– hereda su misión social de concordia interior y seguridad exterior, una misión que hemos definido en términos farmacológicos a partir de los rastros sacrificiales. Es la genuina tradición política occidental que llega a Europa por la vía romana, en la que terminan confluyendo la cultura griega y la fe de Cristo. Es la tradición del gobierno limitado, pues el poder, al igual que los monarcas sagrados, es un *pharmakon*. Puede ser una cura para los conflictos que aquejan endémicamente a toda comunidad, pero también un peligroso veneno si no se sabe administrar en las dosis adecuadas. Sólo la dosis justa que la farmacia de la razón política conoce puede curar la salud del cuerpo social enfermo.

La historia de la soberanía no puede desentenderse de los orígenes sangrientos de la humanidad, que quedan mitológicamente estampados en la memoria de los pueblos y en la historia sagrada. Caín y Abel, Rómulo y Remo, la fundación mítica de las grandes ciudades está manchada de sangre inocente y lo político conserva el recuerdo de las cicatrices colectivas para no volver a abrir esas heridas. En efecto, lo político, al igual que lo sagrado, «contiene» la violencia. Pero esto en los dos sentidos del verbo «contener»: en el de incluir dentro de sí una cosa y en el de sujetar el impulso de un cuerpo reprimiendo su tendencia innata. Como escribió Jean Baechler, «considerado, no ya según sus fines, sino según su razón de ser, lo político se define como la solución al problema de tener que asegurar la concordia a pesar de los conflictos que oponen a los hombres. Busca transformar el odio y la violencia en competencias y en amistad sin poder conseguir nunca una victoria definitiva». Así, vemos de qué manera lo político, que procede de la violencia, nos protege de ella. Por eso en las excepcionales y momentáneas situaciones de crisis la realidad de la soberanía vuelve a florecer en todo su esplendor. Como ha escrito Julien Freund, «parece que semejantes situaciones son particularmente propicias a un análisis conceptual de la soberanía».

A pesar de sus diferencias en otros aspectos, ni Bodino ni Altusio retrocedieron ni vacilaron ante las exigencias de la soberanía, entendida como decisión última cuando la salvación pública está en juego. *Decidere*, recordaba Girard, significa etimológicamente cortar (originariamente el cuello de la víctima) para restaurar la armonía social amenazada. Desterrada la causalidad diabólica y restablecida la inocencia de las víctimas injustamente perseguidas por las masas, sobrevive, sin embargo, la alta misión política del orden y la paz sociales, el bien común. La tarea de lo político consiste precisamente en la difícil función de preservarlo sin el fácil recurso de descargar la ira colectiva contra los chivos expiatorios.

La experiencia de la historia europea de los dos últimos siglos nos recuerda que la ambición despolitizadora de ciertas doctrinas políticas modernas ha venido acompañada, no por casualidad, de un paradójico resurgir de los dioses sangrientos. «De los altares olvidados han hecho los demonios su morada», escribió Jünger. Lamentablemente, los cantos de sirena de la despolitización no parecen haber sido acallados. Hoy regresan con otros ídolos: tecnocracia, consenso, gobernanza. Es el término en cierta manera previsible del sendero iniciado con los *Seis libros de la república* de Bodino, ensanchado con el contractualismo de Hobbes y culminado con la voluntad general de Rousseau. En cierto sentido, la soberanía moderna, construida por los sueños de la razón de esta inmanentísima trinidad que vino a quebrar el *élan vital* de la tradición política europea, significa lo contrario a la genuina soberanía política, una soberanía a la que se llega metodológicamente por la arqueología y a la que se define analógicamente por la farmacología. La despolitización de la soberanía legal busca acabar con el gobierno de los hombres para, una vez más, expulsar racional e hipotéticamente los conflictos de la comunidad mediante la vieja fórmula saintsimoniana de la administración de las cosas. Podemos aventurar que esta ambición casi demiúrgica volverá a fracasar. Se estrellará con la roca muda de lo político. La legalidad de la soberanía antipolítica moderna, que remite a un frío sistema positivista de normas y reglas, ignora las situaciones excepcionales. Pero las comunidades políticas no se pueden esconder tras ellas para acallar la voz de *Agón*. Decía Freund que «hasta los regímenes pseudorrevolucionarios dejan de bromear con el orden cuando su soberanía está en juego». El tristemente célebre Comité de Salud Pública siempre estará ahí para recordárnoslo. Cuando nos enfrentamos a un problema eminentemente político, la estrategia del avestruz es sólo un caso, más grave si se quiere, de ceguera voluntaria.

Conviene recordar, por lo demás, que ante el estallido de los conflictos el cometido de la política no consiste en atizar el fuego, sino en mantener o restaurar el orden. La soberanía estrictamente política, restituida a sus márgenes ontológicos definitorios, es un atributo del mando. No nació con el Estado, que apenas la racionalizó sistemáticamente con la filosofía moderna, expurgando el mal del conflicto bajo premisas lógicas. Como escribió Girard, «en su calidad de fuente aparente de toda discordia y de toda concordia, la víctima original disfruta de un prestigio sobrehumano y aterrador. Las víctimas que la sustituyen heredan ese prestigio. Es en ese prestigio en el que hay que buscar el principio de toda soberanía política tanto como religiosa». La verdadera soberanía política, nacida del seno de lo sagrado, se mantiene a medio camino entre el fuego de la discordia conflictiva y la paz, siempre provisional, de la concordia. En nuestros días, las viejas ficciones contractualistas travestidas hoy de constitucionalismos perseveran en su intento de apartar la mirada del desagradable rostro del conflicto. Diluido en la economía o en la moral que promueven las nuevas filosofías de la historia de factura hegeliana, el reino de lo político parece agonizar. Pero no morirá porque su reino sigue siendo de este mundo y no desaparecerá mientras no haya otro.

Sean cuales sean los regímenes y las fórmulas ideológicas o religiosas de legitimación, siempre ha existido un soberano que decide en último recurso. Nunca hay vacaciones para la soberanía porque el soberano jamás se puede suprimir definitivamente. Como atributo del mando, la soberanía sobrevivirá: la esencia de lo político no puede desaparecer a menos que se produzca una mutación drástica de la condición humana. Los apóstoles del hombre nuevo lo han intentado en diferentes ocasiones. En vano. Lo político siempre resurge de las cenizas en que terminan reducidos los paraísos en la tierra. En cambio, la soberanía westfaliana moderna, acotada al espacio histórico de la cratología estatal, parece herida de muerte. Por supuesto, es de sobra conocido que la soberanía estatal ha sido erosionada en su versión canónica por el sistema internacional-global en curso y que sus márgenes ya no coinciden con los del Estado nación. Esto sólo obliga al observador desapasionado a detectar el lugar exacto de su ejercicio, no pocas veces oculto tras el juego de máscaras y sombras institucionales. Más preocupante parece el hecho de que se mantenga inercialmente la fábula ideológica del pueblo soberano, que a duras penas resiste la confrontación con el espejo de una realidad política que avanza a pasos agigantados hacia la plena des-soberanización del pueblo.

La despolitización del titular formal de la soberanía, en realidad una expropiación forzosa emprendida tras los sucesivos monopolios de la maquinaria estatal, respondía al objetivo hobbesiano de la neutralización. Una gran cantidad de problemas de orden político y de carácter civilizatorio han reactivado la cuestión del orden, de la decisión y, por consiguiente, de la soberanía como atributo del mando. En Europa, el irrealismo impolítico de los adalides del europeísmo ha arrojado a las viejas naciones europeas a un callejón sin salida inmediata. Parece que regresamos a ese foco primordial, a un momento fundacional, lugar común de la reflexión política clásica que hoy se ha abandonado y que exige la decisión de las situaciones excepcionales. Lo político, congelado en la cámara de las fantasías ideológicas, parece dispuesto a reaparecer. Las excepciones políticas nunca pueden ajustarse a un patrón determinado; soplan de forma imprevisible según el viento de la historia. En este sentido, parece necesario afirmar que para que la soberanía genuinamente política pueda recuperar sus fueros, la soberanía moderna debe morir. Del mismo modo, si la soberanía política puede llegar a afirmarse, sólo lo hará despegándose de la costra de la soberanía jurídico-estatal, devolviendo a los cuerpos sociales su autonomía, su vitalidad, y a los hombres, sumergidos hoy en los placeres consumistas de la vida privada, su verdadera condición de ciudadanos. Esta operación no es utopía retrospectiva. El milagro de la desatadura griega llegó a nuestra civilización por la vía romana. Ha sido la realidad multisecular de Europa. La llama de su verdadera tradición política –la de la razón y el bien común, la del orden y la libertad en la justicia– ha iluminado al mundo.

Si la política es el arte de lo posible, es también y sobre todo el arte de hacer posible lo necesario. Este es el futurible de la soberanía. Futurible al que estas páginas quieren empujar en la escasa medida de sus posibilidades con una última pregunta dirigida al lector que ha tenido la deferencia de llegar hasta aquí. ¿La estirpe de los hombres que logró la sacrílega hazaña de robar el fuego de los dioses para alumbrar la vida de la *polis* dejará acaso que se extinga la chispa creadora de su libertad política ante los ídolos de nuestro tiempo? Sin duda, esta es una pregunta que desborda los estrechos límites de este trabajo, pero mucho de lo que sea, o deje de ser, la soberanía en el futuro dependerá de la respuesta.

BIBLIOGRAFÍA

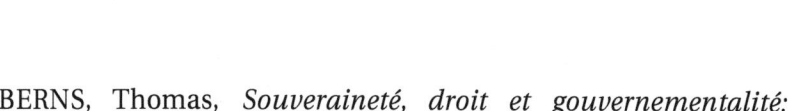

BERNS, Thomas, *Souveraineté, droit et gouvernementalité: Lectures du politique à partir de Bodin*, Léo Scheer, París, 2005.

BRAGUE, Rémi, *Europa. La vía romana*, Encuentro, Madrid, 2023.

CAMPI, Alessandro, *Il fantasma della nazione: Per una critica del sovranismo*, Marsilio Editori, Roma, 2023.

CROUCH, Colin, *Posdemocracia*, Taurus, Madrid, 2004.

DE BENOIST, Alain, *Soberanía y federalismo. Contra el Estado jacobino*, Fides, Tarragona, 2017.

DELSOL, Chantal, *L'État subsidiaire*, Cerf, París, 2015.

DEMELEMESTRE, Gaelle, *Les deux souverainetés et leur destin. Le tournant Bodin-Althusius*, Le Cerf, Paris, 2011.

DERRIDA, Jacques, *La farmacia de Platón*, Fundamentos, Madrid, 1975.

FERNÁNDEZ DE LA MORA, Gonzalo, «El organicismo de Altusio», Revista de Estudios Políticos, n° 71, enero-marzo 1991.

FERRERO, Guglielmo, *Poder. Los genios invisibles de la ciudad*, Tecnos, Madrid, 1992.

FREUND, Julien, *La esencia de lo político*, CEPC, Madrid, 2018.

GAMBESCIA, Carlo, *Liberalismo triste*, Encuentro, Madrid, 2015.

GEBSER, Jean, *Origen y presente*, Atalanta, Gerona, 2011.

GENTILE, Emilio, *La mentira del pueblo soberano en la democracia*, Alianza, Madrid, 2018.

GIRARD, René, *La violencia y lo sagrado*, Anagrama, Barcelona, 2006.

— *Mentira romántica y verdad novelesca*, Anagrama, Barcelona, 1985.

— *Cosas ocultas desde la fundación del mundo*, Sígueme, Salamanca, 2021.

HINSLEY, Francis H., *El concepto de soberanía*, Labor, Barcelona, 1972.

JOUVENEL, Bertrand, *El arte de prever el futuro político*, Rialp, Madrid, 1966.

— *La soberanía*, Comares, Granada, 2010.

— *El poder. Historia natural de su crecimiento*, Unión Editorial, Madrid, 2011.

KOSELLECK, Reinhart, *Historias de conceptos. Estudios sobre semántica y pragmática del lenguaje político y social*, Trotta, Barcelona, 2012.

LASCH, Christopher, *La rebelión de las elites y traición a la democracia*, Paidós, Barcelona, 1996.

MARITAIN, Jacques, *El hombre y el Estado*, Encuentro, Madrid, 2023.

MBEMBE, Achillle, *Necropolítica*, Melusina, Barcelona, 2011.

MESNARD, Pierre, *L'essor de la philosophie politique au XVIe siècle*, Boivin, París, 1936.

— *Jean Bodin en la historia del pensamiento*, Instituto de Estudios Políticos, Madrid, 1962.

MIGLIO, Gianfranco, «Oltre lo stato-nazione: l'Europa delle città», *Ideazione*, 2/2001, pp. 93-108.

MOLINA, Jerónimo, *Pensamiento político en España a partir de 1935. Una aproximación en clave generacional.* Memoria de ingreso en la Real Academia de Ciencias Morales y Políticas del académico correspondiente Jerónimo Molina.

MOSSE, Claude, *L'Antiquité dans la Révolution française*, Albin Michel, París, 1991.

NEGRO, Dalmacio, *La tradición liberal y el Estado*, Unión Editorial, Madrid, 1995.

— «Modos del pensamiento político», Anales de la Real Academia de Ciencias Morales y Políticas, nº 73, 1996, pp. 525-568.

— *Historia de las formas del Estado*, El Buey Mudo, Madrid, 2010.

— *Gobierno y Estado*, Marcial Pons, Madrid, 2002.

— *Sobre el Estado en España*, Marcial Pons, Madrid, 2007.

NEMO, Philippe, *Histoire des idées politiques dans l'Antiquité et au Moyen Age*, Presses Universitaires de France, París, 2013.

— *Histoire des idées politiques aux Temps modernes et contemporains*, Presses Universitaires de France, París, 2013.

OAKESHOTT, Michael, *El racionalismo en política*, Fondo de Cultura Económica, México, 2000.

PARETO, Vilfredo, *Traité de sociologie générale*, Librairie Droz, Paris-Genève, 1917.

PROKHOVNIK, Raia, *Soverignity, History and Theory*, Imprint Academic, Exeter, 2006.

RAMIRO, Nicolás, *La soberanía*, Revista de Estudios Políticos, nº 66, 1952, pp. 37-54.

RUEFF, Jacques, *La dictature libérale: Le secret de la toute-puissance des démocraties au XXe siècle*, Jean-Claude Lattès, París, 1994.

SKINNER, Quentin, «Concepts only have histories», interview with Quentin Skinner by Emmanuelle Tricoire and Jacques Levy, *Espaces Temps*, 2008, https://www.espacestemps.net/articles/quentin-skinner/

TARDIEU André, *Le souverain captif: La révolution à refaire*, Perrin, París, 2019.

TAROT, Camille, *Le symbolique et le sacré : théories de la religion*, La Découverte, París, 2008.

TROPER, Michel, «Note bibliographie sur le livre de Marcel David, La souveraineté du peuple», *Revue du droit public et de la science politique*, 1996, p. 1507.

VERNANT, Jean-Pierre, *Los orígenes del pensamiento griego*, Paidós, Barcelona, 1992.

VON GIERKE, Otto, *Teorías políticas de la Edad Media*, CEPC, Madrid, 2010.

— *Johannes Althusius y el nacimiento histórico del contractualismo*, Tecnos, Madrid, 2021.

WOLIN, Sheldon, *Política y perspectiva. Continuidad e innovación en el pensamiento político occidental*, Fondo de Cultura Económica, Mexico, 2000.

SE TERMINÓ DE IMPRIMIR ESTA EDICIÓN DE
SOBERANISMOS
EL DÍA 17 DE MARZO DE 2025,
FESTIVIDAD DE SAN PATRICIO

LAUS DEO VIRGINIQUE MATRI